U0031814

剃掉鬍子的馬克思

一位革命家的人生轉折與晚年自我追尋之旅

Karl Marx beim Barbier

Uwe Wittstock

烏韋・維茨托克——著

王榮輝——譯

目錄

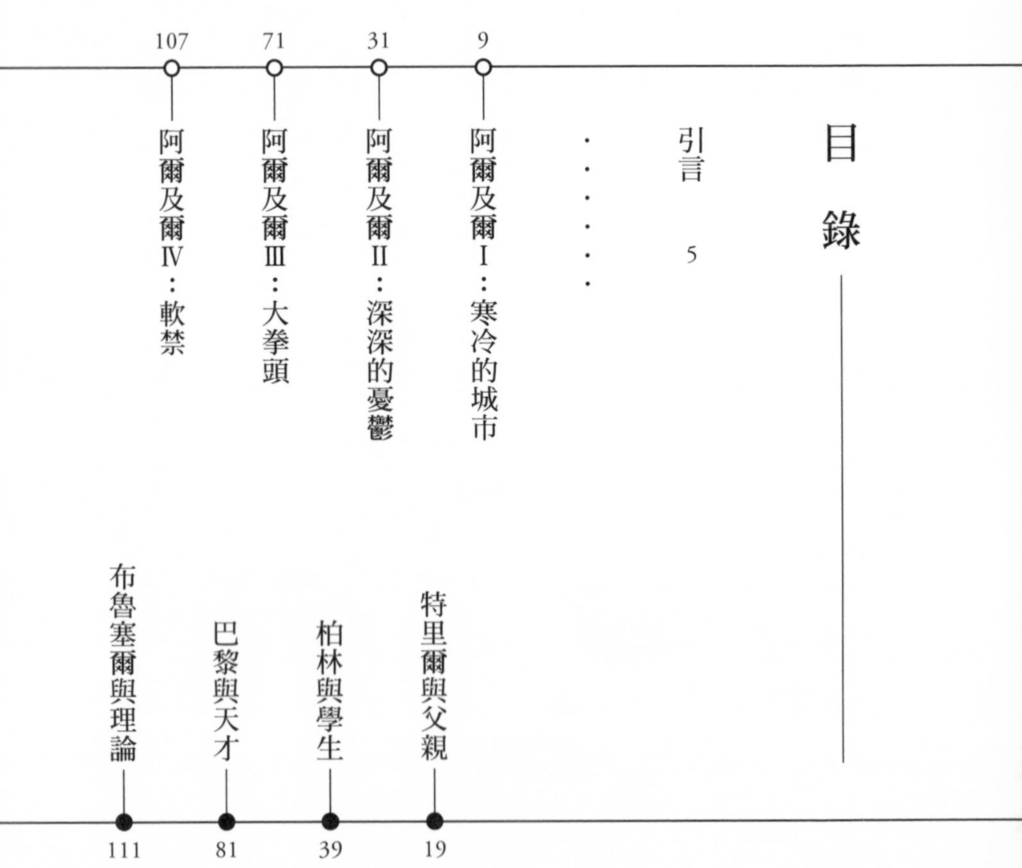

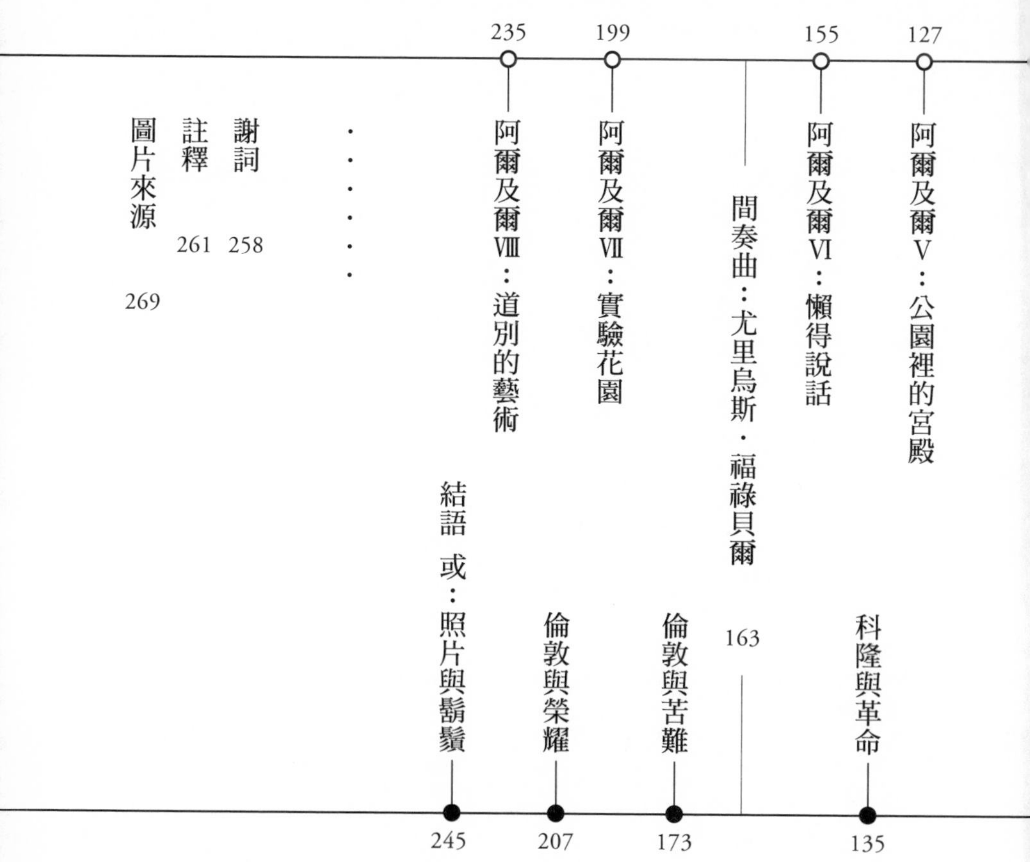

一八八二年四月二十七日，去世前十一個月，卡爾．馬克思（Karl Marx）在阿爾及爾（Alger）請人剃掉他的鬍子和蓬鬆亂髮。馬克思之所以要告別他的毛髮，是不是為了讓自己在炎熱的天氣中輕鬆一點，我們無從得知。本書將從兩條路徑探索他在北非理髮的這件軼事：一方面講述馬克思在阿爾及爾度過的十週，另一方面則同時回顧致使他流落至此的一些重要人生階段。至於「遊記」與「傳記」這兩條路徑的交叉點，則是最後一次露出刮除鬍鬚的臉頰的一位革命家。

Karl Marx beim Barbier

阿爾及爾I：寒冷的城市

隨著機器轟鳴聲消退，他深深地吸了一口氣。可是四周依然是一片難以穿透的漆黑。船艙裡寒冷異常，一點也感受不到非洲的溫暖。如同前幾個夜晚，他依舊難以成眠；來自鍋爐室的噪音宛如惡魔一般，風聲、海濤聲和自己難忍的咳嗽聲更是雪上加霜。最近一回能夠好好睡上一覺已是四天前的事了，就在他搭上前往馬賽（Marseille）的火車之前。

他待在自己的鋪位，打算等到天亮才上甲板。《薩伊德號》（*Said*）航行的隆隆聲、貨艙裡的嘈雜聲、腳步聲以及呼叫聲，此時都只微微地流向他。這艘船幾乎沒什麼明顯的搖晃，而時間是凌晨三點半。但他卻再也無法入睡。咳嗽與對妻子的思念完全不放過他。他只能等待。

當第一道灰濛天光從艙口外露出時，他起身著裝，怕冷的他挑了自己也曾在英國穿著的服裝，其中包括他為抵禦倫敦又濕又冷的風而添購的犀牛外套。當他走到艙門前，一群從大陸登船的男人大呼小叫地朝他湧了過來，他們以不易聽懂的法語出價，爭著要為他提行李。有的人身著阿拉伯服裝，其他人則身著歐洲服裝，不過一眼就能在他們身上看出貧窮。在他總算挑好一名幫手後，其餘的人隨即一語不發地散去，趕緊看看能否在其他需要幫忙的旅客那裡兜到生意。

他抬起頭來，望了一眼船欄杆外沿著陡峭海岸開展的阿爾及爾屋海。光是這座城市的亮點、沿途林立許多知名建築的海岸大道，就明顯比海灘高出許多，從港邊得通過階梯或一個長斜坡才能抵達。位在那後頭的許多房子，此刻仍籠罩在微微的晨霧中。不見任何圓頂或塔樓，只有宛如一堆積木般彼此重重疊疊的許多粉白方格，舉目所及全是平頂，不見任何斜頂房屋，而大多也沒有窗戶，只在牆上開了些有如欄杆的小洞。在晨光中，這個城市的上半部彷彿一座石灰岩懸崖，或一個只有少許棕櫚樹點綴其間的巨型採石場。阿爾及爾，白色之城。在這之上，有座雄偉的高山舒展了它的輪廓。頂峰上可看見些許骯髒的白色斑點，那裡顯然堆了一點雪。

在甲板上的一片混亂中，他找到了馬歇（Macé）中尉，薩伊德號的指揮官；他的妻小都跟著同行。在航行過程中，他們曾聊過幾回，因此，在臨去之前，他想用簡短的幾句話向中尉道別。隨即，他便跟著中尉的挑夫步向舷梯。由於薩伊德號吃水過深，所以他們無法直接在碼頭上岸。帶槳的接駁小船圍繞在船邊，在裝載貨物、行李和旅客後，就會將他們送往岸邊。

舷梯既陡峭又濕滑。他抓著甲板側壁垂下的繩索，下方有位船夫看著他。提行李的那個男人率先俐落地下了去，隨即在搖晃的小船上熟練地把行李擺好，緊接著，在最後一階跨進小船那困難的一步，牽住他的手，穩住他的身子。基本上，這場麻煩其實很荒謬，那兩個男人只需划個幾十下，小船就抵達海關；把行李和旅客快速送上岸後，他們就能領錢走人。

緊接著，又一群大呼小叫、比手畫腳的男人朝他湧來，他們不但能在過海關時提供協助，還能幫忙把行李提上階梯，送至某個街道、市區或下榻的旅店。可是，要去哪家旅店呢？

他根本沒想過這個問題。他做了別的、更好的安排：讓別人替他安排。在碼頭喧囂的人群中，有位法國人對他打了招呼，並自我介紹了一番，這個人名叫瑪利·李奧波德·阿爾貝·費梅（Marie Léopold Albert Fermé）。這個男人並不年輕，已屆四旬，帶著滿滿的恭敬和些許的羞怯歡迎他的到來。

所有後續事宜都由費梅接手處理。費梅先是選了一名挑夫，告訴他旅店的名稱，還提醒他，不但得先把這位客人的隨身行李送往該處，稍後等客人的大行李箱上岸時，也得立即把它們送過去。接著費梅向海關官員點頭致意，官員一面回禮致意、一面瞧著這位隨行者，但他們顯然不認為有必要查驗他的文件。海關後方有些可供搭乘進入市區的輕型馬車，但費梅卻打算領著他拾級走上海岸大道。

阿爾貝．費梅是他的兩個女婿，查爾．龍格（Charles Longuet）與保羅．拉法格（Paul Lafargue）的老友。三人是將近二十年前在巴黎求學時結識的。雖然他們就讀不同的大學，卻有著共同的政治目標，那就是終結皇帝拿破崙三世（Napoléon III）的專制統治。憑著文章、小冊子和一個共和國會議的組織，他們在法國的反對者陣營中迅速闖出名號。不過這一切的代價卻是十分高昂。龍格與費梅被逮捕，坐了好幾個月的牢，拉法格則不得不離開原本就讀的大學，逃往英國，並繼續在那裡完成學業。後來龍格跟隨他的腳步，費梅則與拿破崙三世治下的數千名流放者被遣往殖民地阿爾及利亞，不得不告別家鄉法國。他曾學過法律，年僅二十三歲就在巴黎找到一個律師的職位，甚至還做好了自己的事業規畫。值得慶幸的是，儘管曾在政治上顯露出高度的危險性，司法機關還是給了他機會，讓他能在阿爾及利亞擔任地方法官，重新開始法律事業，甚至在緩刑多年後轉往阿爾及利亞的上訴法院任職。

龍格事先寫了封信給費梅，告知老友他的岳父即將前往阿爾及利亞一事。直到薩伊德號抵達的前一天，那封信才送到費梅手裡。儘管如此，費梅還是拍胸脯保證，好好招待老友岳父一事絕不成問題。調整行程表對他來說一點也不難。在天高皇帝遠的情況下，這裡的官員對自己的職責總是輕鬆以對。南方人的心態。

費梅確實一點也不顯匆忙，在這一點上這位岳父很是感謝，因為長長的階梯爬得他是氣喘吁吁。其他的旅客，還有一些扛著超多重物的挑夫陸續超越他們。儘管如此，費梅卻完全沒有顯露出不耐煩的樣子。

直到他們抵達海岸大道，費梅才轉身面向港口，邀他欣賞一下眼前的美景。他欣然轉身面向大海，很高興自己總算能稍事休息，好好地呼吸呼吸。儘管天色有點陰暗，但美麗的景色依舊讓人動容。阿爾及爾位在一個寬闊的海灣，海岸線構成一個柔和、均衡的曲線，東邊與西邊盡頭各是一個突出的角。

建立這座城市的人，顯然具有強烈

一八八二年時的阿爾及爾港

的風景和諧感。遠離海港的市區尚未完全甦醒。費梅領著他穿過空蕩蕩的大街和馬拉街車（horsecar）軌道，來到某棟有名的建物前。建物的外牆令人想起林立於新建的巴黎大道上那些房子的門面，一樣高的窗戶，一樣的鍛鐵陽台欄杆。飯店入口位於商場下面，顯然背叛了「東方大飯店」（Grand Hotel d'Orient）的驕傲，它可是這座城市最早的房屋之一。飯店裝潢走的是奢華的微東方風，庭院鑲嵌了白色與黑色的大理石。

房間的華麗讓他愈發意識到，自己有多麼疲憊和沮喪。這是費梅幫他訂的。下榻此處同樣不必檢查證件，接待員迅速將房間鑰匙遞給他。他向費梅道了謝，彼此約好下午再見。在他爬樓梯、又是樓梯、上樓進自己的房間前，他請接待員以自己的名義發一封電報，收件人為弗里德里希．恩格斯（Friedrich Engels），地址是「Esq. 122 Regent's Park Road, Londres N. W. Angleterre」：電報中寫道，一路順利，他已平安抵達阿爾及爾。

儘管他是多麼想要好好睡上幾個小時，但咳嗽卻依然不放過他，對妻子的最後回憶也是。她從隔壁房傳來的聲音越來越弱，逐漸消失。當時他們相隔只有數步之遙，他應該坐到她的床邊才對，但對她來說他卻是可望而不可及。

此外還加上失望，是的，他對天氣的訝異。他已病了好幾個月，唐金（Donkin）醫生說是胸膜炎，胸膜發炎，還有持續性的支氣管炎。在懷特島（Isle of Wight）養病的那幾週暗無天日，還風雨交加；醫生警告，為了因應冬季的來臨，不妨去氣候溫和點的地方，來個長期靜養。可是，到哪去呢？他是個無國籍的人，早已數十年無護照在身，許多國家他都是去不得的。前不久在義大利的里維拉（Riviera），有位男性被誤認為是他，當場就被逮捕了。法國的大門倒是向他開啟，新政府對政治難民頒布了特赦令；況且，對於療養肺病來說，阿爾及爾被認為是個理想的所在，在濕冷的英國冬季到來之前，得先前往一個安全的地方才行。於是他先去巴黎與阿讓特伊（Argenteuil）探望他的女兒。然而，接下來前往馬賽的路途簡直是一場災難：火車內十分寒冷，由於火車頭時不時地拋錨，列車不得不在某些車站停靠數小時之久；當他總算在半夜過後抵達時，簡直全身都快凍僵了，這還不打緊，接著居然還得在寒風中的月台等上很長一段時間，直到自己的行李終於被搬下火車。就連在薩伊德號的船艙裡也沒有暖氣，雖然他搭的是頭等艙。長時間的受寒對他來說猶如毒藥，咳嗽一天比一天嚴重。

如今，到了阿爾及爾，居然又是陰冷和寒雨。他不禁詛咒起這場思慮不周又愚蠢的「遠征」。有一剎那，他還盤算著，不如搭上最近的一班船，也許就是薩伊德號，立刻返回歐洲，改去芒通（Menton）或尼斯（Nice）試試自己的運氣。不過，這代表又得待在沒有暖氣的船艙裡航行兩天，還要飽受機器噪音的折磨。或者，繼續往南好了？去撒哈拉沙漠邊緣的綠洲城市比斯卡拉（Biskra）如何？那裡肯定溫暖又乾燥，只不過，曾經有人告訴過他，要小心內陸的火車運輸，兩百五十哩的路途很可能就得花上七、八天的時間，眼下虛弱的他怕是禁不起如此的舟車勞頓。不，除了待在阿爾及爾，期待天氣好轉，他根本一籌莫展。

只是，至少在這天，他可能完全沒料到，居然就連下午天空都還是一片昏暗。費梅很高興地沿著海岸大道跟他邊走邊聊，這是這個城市最熱鬧的街道，頂著帶帽斗蓬的阿拉伯人、穿著小禮服的歐洲人、馬車、戴著非斯帽的土耳其人、許多罩著白面紗的婦女、身著紅褲制服的士兵，還有磕磕絆絆地走在專用軌道上的馬拉街車。步道綿延超過兩公里，搭在數百個以岸邊岩石支撐的圓拱上。大約二十年前，皇帝拿破崙三世攜皇后歐仁妮（Eugénie de Montijo），在一場華麗的慶祝活動中親自為步道奠下基石。這場工程讓阿爾及爾徹底改觀。彷彿是在東方海盜城的老臉上戴上一副摩登的歐洲眼鏡。

費梅帶他走出市區。他另外替他找了一個住處，比東方大飯店更便宜、更安靜，或許也更適合療養。當他們走出城牆後，映入眼簾的是第一批仙人掌和一些生得狂野的橘樹，樹葉下的果實閃閃發亮。他們往上爬了將近一哩路，朝著上穆斯塔法（Mustapha Supérieur）前進，費梅和他的妻子就住在那裡。街道左右兩側只有少數幾間阿拉伯式的老房子，還有若干法國人的豪華別墅，那些別墅有時會被花園盎然的綠意給完全遮掩。一路上經過不少跨越深溝的小橋，這些深溝都只有裸露的岩石，下過雨後水會順著斜坡急流入海。

其中一間鄉間別墅是兩層樓的旅店「維多利亞」（Victoria）。他立刻喜歡上這間旅店。招待他入住的兩位女士，分別是老闆娘愛麗絲（Alisse）與管家羅莎莉（Rosalie），她們都顯得十分親切。整間旅店只有寥寥幾位客人，他們和他一樣，都打算在這裡過冬。為他安排的房間在二樓，從房裡遠眺，阿爾及爾連同整個海灣的美景都能盡收眼底。毫無猶豫地，他一口答應住下。

況且，他也實在沒力氣再去別間旅店看看了。不僅散步，還有一路上陪他的導遊費梅聊天，這些都讓身體虛弱的他精疲力竭。因此，當他們再度回到東方大飯店時，他請費梅體諒他病了；對他來說，一切都比不上先好好休息一番。只不過，費梅邀請他第二天前去家中作客，他倒是盛情難卻。於是他連聲稱謝，點頭表示同意，雙方就此作別。他隨即返回自己的房間，嘗試在漫漫長夜中對抗嚴重的咳嗽，好讓自己能有一時半刻的好眠。

特里爾與父親

關於那場約好的禮貌性拜訪，我們所知不多。一八八二年二月二十一日，也就是馬克思抵達阿爾及爾的隔天，他拜訪了費梅夫婦。不久之後，他寫了信或明信片給住在巴黎的女兒燕妮（Jenny Marx），信中提到了那次拜訪。令人遺憾的是，那封信件已然佚失。所幸，從保存至今的一些間接記錄，我們還是能稍微得知那次拜訪的過程。在一封至今未曾公開的回信中，燕妮對她的父親說道：「我很高興你和費梅太太合得來；你在那裡能夠至少有個家，這可說是最幸運的。」種種跡象顯示，雙方的互動並非只是客套的行禮如儀，費梅一家和他們的訪客顯然相處熱絡。

這對夫妻在法屬阿爾及利亞的生活情況，在某些方面對馬克思來說其實並不陌生。身為司法人員的費梅法官，為一個他基本上反對的政府服務。他所面對的是一群生活在貧窮中的人民，這群人信仰著迥異於其殖民者的宗教，他們寧可當下就把那些殖民者全都趕出自己的家園。馬克思的父親海因里希（Heinrich Marx）過去也曾是司法人員，在普魯士（Preußen）的司法機構擔任過律師，儘管他對普魯士其實很「感冒」。特里爾（Trier），這個馬克思出生（一八一八年五月五日）與成長的城市，在當時算是一個相當貧困的地區，幾世紀以來一直虔信天主教。特里爾的市民把信奉福音教派的普魯士視為外來政權，恨不得擺脫它的控制。如果我們說（誠如歷史學家強納森・史佩伯〔Jonathan Sperber〕所主張），普魯士把從一八一五年維也納會議（Le congrès de Vienne）得來的萊茵河左岸省區當成殖民地，這絕非危言聳聽。

有別於費梅，海因里希・馬克思倒是從未公然反抗過他的殖民統治者。他不是反叛者，而是一個想著如何在社會上出人頭地的人。改善這個世界並非他所在乎的事，他關心的是自己的人生和家庭。對政治問題當然也有自己的意見，但他從不會公然反對，真的遇到讓他看不下去的情況時，頂多也只是握緊口袋裡的拳頭罷了。卡爾・馬克思並未因此瞧不起自己的父親，只不過，他多多少少也會希望，自己的父親也能有像費梅早在學生時代就已展現出的那種反叛精神。

海因里希・馬克思是個思想自由、工作勤奮的人。年少時期他曾從遠處觀察過法國大革命，也經歷到了這場革命是如何送給他新的自由，並影響他的命運。他讚揚大革命所傳布的啟蒙思想，只不過在他的意識裡，如同大多數同時代的人，還是會直接聯想到一七九三與九四年之間那段導致了三、四萬人喪生的恐怖時期，還有造成成千上萬人死亡的幾場保皇黨暴亂。他在各方面都與路德維希・馮・西伐利亞（Ludwig von Westphalen）十分相似；他是海因里希的朋友，兒子卡爾顯然也深受他的影響。

海因里希・馬克思生於一七七七年，本名為赫雪・馬克思・列維（Heschel Marx Levi）。他出生於一個拉比（Rabbi）家庭。他的父親摩德凱・馬克思（Mordechai Marx）在一七八八年時接任了特里爾的拉比職位。六年後，當時海因里希才十七歲，法國革命軍占領這個城市，為他開啟了從前不可能會有的人生機會。法國大革命時期的國民議會（Assemblée nationale）賦予了猶太人完整的公民權。幾個世紀之久的歧視一舉終結，原先的所有就業限制全部取消。海因里希決定攻讀法律，將來當個律師，這在舊時屬於選帝侯（Kurfürst）領地的特里爾是絕不可能發生的事。然而一八一三年他畢業時，前不久才在萊比錫（Leipzig）的國戰中擊敗拿破崙（Napoléon I）的普魯士軍隊居然陳兵特里爾。在普魯士統治下，如果新當局知道了他的猶太人出身背景，恐怕他就再無擔任律師的機會。這個平權的歷史瞬間，對海因里希來說再度成為過往。

由於再無成為律師的其他出路，於是海因里希・馬克思決定受洗成為基督徒。雖然他的家庭嚴守猶太傳統，但這一步對他來說並不困難。這種改宗的情況在那個年代其實並不罕見，德國的猶太人在當時展現出很高的同化意願。路德維希・波爾內（Ludwig Börne）與海因里希・海涅（Heinrich Heine）就是兩個著名的例子。他們兩位也是啟蒙的支持者，分別在一八一八年與一八二四年改信基督教。海因里希・馬克思受洗的正確時間如今已無法確定，據推測很可能是在一八一九年。他的妻子和子女，其中包括兒子卡爾，數年後也跟隨了他的腳步。

儘管特里爾深受天主教影響，但海因里希・馬克思所加入的卻是新教教會，在這個城市的新教信徒數量不會多過猶太社群，大約只有三百人。他選擇的並非多數市民信奉的宗教，而是普魯士統治者信奉的宗教，此舉有助於他在新的權力結構中迅速出人頭地。新的國家機器在萊茵河左岸省區所仰賴的包括司法與行政人員在內的公務員員額不足，這讓普魯士無法太過挑剔。

受洗後，海因里希・馬克思在就業上就再也沒有遇上明顯的困難。他的收入不錯，一年將近一千五百塔拉（Taler；**譯按：「塔拉」為德國舊時流通的貨幣**）；當時的日工與農場工人年收入大約只有一百塔拉左右。如果他選擇擔任律師與改信新教主要是著眼於物質方面的理由，那他的事業規畫顯然已經奏效。一八三一年，普魯士當局頒給他司法委員的榮譽頭銜。在短得驚人的時間內，海因里希·馬克思就在這個城市的政要中取得了一席之地。

他的平步青雲有部分得歸功於他那帶著豐厚嫁妝嫁過來的妻子。亨莉亞特·普列斯堡（Henriette Presburg）在荷蘭的奈美根（Nimwegen）長大。在她來自匈牙利的祖先當中也曾出過幾位拉比。一八一四年與海因里希·馬克思結婚時，她已經二十六歲；就她身處的那個時代來說，她其實完全算不上個年輕的新娘。某些證據顯示，他們兩人的婚姻是媒妁之言，但無論如何，這樁婚姻倒是成果豐碩；在一八一五到一八二六年短短十一年間，他們就生下了九名子女。令人遺憾的是，其中有五名子女在幼兒或青少年階段就夭折；種種跡象顯示，他們應該是死於肺結核。

路德維希·馮·西伐利亞是對卡爾·馬克思的成長有著重大影響的第二個男人，他是特里爾的新普魯士公務員體系的一員，但卻不是典型的普魯士人。他曾在哥廷根（Göttingen）就讀大學，一八〇七年進入拿破崙扶植的、短命的西伐利亞王國（Westfalen）任職；這個王國有部以法國為榜樣的現代憲法，日後成了德意志諸國的典範。在拿破崙失勢後，服公職的這項決定顯然不全然有利於路德維希·馮·西伐利亞的事業；值得慶幸的是，普魯士也急需大量的行政專業人員，幫忙管理新占領的萊茵河左岸省區。一八一五年，他以普魯士王國行政專員的身分，被派往貧窮、偏遠的特里爾。

他在這裡結識了海因里希・馬克思。在前革命的時代裡，高貴的普魯士行政專員與猶太拉比家族的後裔之間，幾乎不可能發展出什麼友誼。不過，如今海因里希・馬克思已然歸屬這個城市裡規模不太的新教教區，兩者家庭自然有了許多接觸點，特別是他們的女兒蘇菲亞・馬克思（Sophia Marx）與燕妮・馮・西伐利亞（Jenny von Westphalen）是好朋友，他們的兒子卡爾・馬克思與艾德嘉・馮・西伐利亞（Edgar von Westphalen）更是高中同學。

由於職務之故，路德維希・馮・西伐利亞不但與特里爾的醫院和貧民院有密切接觸，與監獄和警局也是。換言之，從專業的角度，他很清楚這個城市的困苦。在普魯士接管這個城市後，幾乎所有與法國的經濟聯繫全被切斷，貿易近乎停滯不前。在一八三〇年時，全體市民有四分之一貧窮到得動用微薄的公費加以救濟。另一方面，新政府的稅賦分配也十分不公。舊的普魯士省區享有優待，新的省區如萊茵地區，卻必須繳交高出五倍的稅賦，這也使得這些省區頗有遭到橫征暴斂的感受。

路德維希・馮・西伐利亞對於貧窮的慘況並非視而不見。他以客觀、簡潔的方式向上級呈報了當地的實際情況：「中下階層的農村居民缺乏工作收入與生活費用。」[1] 他的女兒燕妮有時會跟著他前往洪斯呂克山（Hunsrück）與艾菲爾山（Eifel）等地巡視，對那些困苦的生活環境留下了深刻印象。不難想見，她也曾與她的朋友卡爾・馬克思聊過這些經歷。

在那些年裡，對未成年的卡爾來說，路德維希・馮・西伐利亞一直扮演著父執輩導師的角色。他們兩人經常會一起去散步，路途中無所不談。在原生家庭裡得不到多少文學薰陶的卡爾，往往對路德維希介紹的一些「當代」浪漫主義作家、新喪的歌德（Johann Wolfgang von Goethe）和諸如但丁（Dante Alighieri）或塞凡提斯（Miguel de Cervantes）等古典作家有著濃厚的興趣。但最重要的是，他奠定了馬克思終生推崇莎士比亞（William Shakespeare）的基礎。莎士比亞的劇作總令馬克思愛不釋手，它們後來也成了他知識宇宙的固定組成部分。直到晚年，他還是會經常研讀莎士比亞的劇作，並在自己的文章中引用。對於那些劇作的熱情，誠如數十年後他在寫給女婿龍格的書信中所述，幾乎是「毫無界限」，就連那些「最微不足道的小角色」他也能如數家珍；不僅如此，他甚至還整理並條列出了「莎士比亞的獨特用語」。[2]

除了文學，路德維希・馮・西伐利亞也經常和年少的馬克思聊起特里爾的貧苦。有別於典型的普魯士官員，他會研讀法國早期社會主義作家聖西門（Henri de Saint-Simon）的作品；聖西門拒斥封建制度，取而代之的，他支持一種嚴格根據個人貢獻授與統治權的菁英政治。工人、工匠、農民，就連企業家和銀行家，在他眼裡都是社會的人才和貢獻者；至於貴族和神職人員，則都只是「寄生蟲」。馬克思日後發展出的許多重要觀念和用語，都是受到聖西門的影響；譬如他已提到了無產階級、人與人的剝削、階級對立等概念。

一八三四年一月，當時卡爾．馬克思十五歲，他的父親捲入一起省區的政治事件。這起事件為處在普魯士專制且近乎殖民統治下的特里爾罩上了一股沉重的低氣壓。路德維希．馮．西伐利亞與海因里希．馬克思是特里爾「卡西諾會社」（Casino Gesellschaft）的成員，如同在萊茵地區的其他城市，該會社主要是社交與組織慶典及宴會之用。只不過，其中某些活動明顯帶有支持民主與批判普魯士的色彩。像是一八三四年一月十二日，特里爾「卡西諾會社」就邀請了萊茵地區議會偏向自由派的議員參加節慶宴會。海因里希．馬克思也在那個場合發表了節慶談話。

這個地區議會具有諮議的功能，卻沒有立法或徵稅的權力。無論它針對地區事務做出什麼樣的決定，最終都得受國王的監督。儘管如此，海因里希．馬克思的演講卻是完全贊同這個地區議會的建制，百分之百對國王輸誠。因為，藉由地區議會的設置，統治者送給人民「第一個代表人民的組織」；這聽起來像是種頗具暗示意味的措辭，當中似乎期待著，這第一個代表人民的組織或許不久之後就能獲得更大的權力。就連海因里希．馬克思所說的，國王設置地區議會「從而讓真理及於殿壁之上」，若仔細觀察，同樣也是一種下了毒的讚美。因為它間接指出了，國王對於當地的實際情況一點也不瞭解或根本漠不關心。不僅如此，說到激動處，海因里希・馬克思更道出了城市中「尊敬的公民們」對於「他們的代表」所懷的感激之情，因為這些代表們在地區議會為「真理與權利」而奮鬥。[3]

就算是這種輕描淡寫的批評，普魯士執政當局也十分敏感。遠在柏林的司法部長坎普茲（Karl Albert von Kamptz）認為，特里爾的人們居然膽敢「妄自闡釋與非難一個對國王陛下或最高統治者負責的集會所做的種種商議。一旦大多數地區代表不以德意志的特權階級地區代表自居，而是以人民的代表自居，將會強化群眾這樣的妄想。」[4]在這位部長眼裡，這場邀集議會代表們的宴會，簡直就是一場提出前所未聞的民主要求的反普魯士抗議集會。

兩週後，當「卡西諾會社」展開自己的創社紀念活動時，整起事件的發展到了頂點；只不過，這回引發反彈的不是演說，而是歌唱。包括海因里希・馬克思在內的十多位成員，先是自發地唱了些無害的歌曲，但隨即就唱起了明顯具有革命色彩的歌曲。他們不但唱了一八三〇年的法國革命歌曲《巴黎女人》（*La Parisienne*），更數度高歌《馬賽曲》（*Marseillaise*）。對此，某位普魯士的男爵寫了一份嚴厲譴責的報告給普魯士駐特里爾部隊的司令。報告中指出：「這場歌唱，伴隨著瘋狂敲打桌面越來越激昂，最後更到達一個忘我的境界，特別是在那些點燃革命精神的段落裡尤為放肆。」[5]其中有位來賓甚至揮舞起一條「絲綢的三色巾」[6]，其他人還在它面前跪了下來。

事情鬧了開來，警方下令徹查嚴辦。和所有參與者一樣，海因里希．馬克思也遭到了審訊。一如所有參與者，他也表示，自己其實早在賓客們開始高唱革命歌曲之前就已離開聚會現場。特里爾的市長威廉．豪（Wilhelm Haw）設法將整起事件歸咎於「莫澤葡萄酒」（Moselwein）；當晚大家實在是喝多了。儘管如此，海因里希．馬克思的一位同事，布里休斯（Brixius）律師，還是遭到了控告，罪名不亞於叛國罪。不久之後，特里爾地方法院將他無罪釋放，因為沒有證據能夠證明他有任何叛國的意圖。普魯士的內政部長古士塔夫．馮．羅卓夫（Gustav von Rochow）提起上訴，但科隆（Köln）的上訴庭還是維持原判，因為布里休斯被指控的行為畢竟「沒有違反任何刑法」。[7]

這起事件必定讓當時還是學生的卡爾．馬克思留下了印象。不僅自己的父親，普魯士的司法顧問，就連自己所居住的這個城市裡的一群領袖人物也同聲高唱革命歌曲。在那之後，他們全被警方約談；不過，當他們從警局全身而退後，就大可放心了。這起事件對雙方其實都沒什麼好處。它讓普魯士的掌權者看到了，即使是在顯要人物中，自己在當地能獲得的支持有多小；試圖透過司法手段制裁被告，卻在法庭上搞得灰頭土臉，又有多可笑。相反地，那些所謂優良的普魯士公民，粗心地暴露了自己的真實信念，但在國家展現威脅的姿態後，隨即又縮了回去，重新歸隊，乖乖發揮自己在這個國家與為這個國家所具備的功能。

一年半後，卡爾・馬克思完成了高中畢業考。他的考卷（他首批值得一提的作品）至今依然被人保留著。數學和希臘文是他的弱項，至於其他科目的成績倒是比大多數的同學都好。其中最有看頭的，莫過於以〈一個青年在擇業時的考量〉（Betrachtungen eines Junglings bei der Wahl seines Berufes）為題的德文作文。一方面，這個十七歲的小伙子執著於相當傳統的想法，但除此之外，倒也有些段落透露出了，考生卡爾・馬克思的思考方式與尤為雄心壯志的真正想法。

在他看來，正確的職業只能是「奠基於我們完全相信其真實性」的「理念」的職業。擇業的最高目標必須是「人類的幸福」與「我們自己的完滿」，一個人唯有「為了追求完滿、為了謀求同時代人的幸福而努力」，他才能達到「完美」。在文章的最後，我們可以聽見同樣多的激情與呼籲：「當我們選擇了我們最能為人類服務的崗位，沉重的負擔就不能令我們屈服，因為它們只是我們為所有人做的犧牲；如此一來，我們所享受的，就不是貧乏的、侷限的、自私的快樂，我們的幸福屬於數百萬人，我們的行為將寧靜卻永恆地存活，我們的骨灰則將被高貴的人們用他們的熱淚沾濕。」[8]

這一切都說得很籠統，不太具體。聽起來就像是追隨著康德（Immanuel Kant）與席勒（Friedrich Schiller）的某種「觀念論」（idealism）思想，誠如在特里爾的高中校園裡被傳授的，學生馬克思將它們忠實重現，藉以在考試中滿足老師的期待。不過，以「人類的幸福」和「永恆」發揮作用的行為為目標，這種與天同高的志氣倒是相當不尋常。若是沒有考慮到馬克思後來為自己的畢生事業所立下的標準，沒有考慮到他為此讓自己和家庭所承受的「重擔」與「犧牲」，我們幾乎不可能讀懂這個結尾的句子。

阿爾及爾II：深深的憂鬱

他認識這位年輕男性。有禮、自信、臉色有點蒼白、穿著十分優雅、留著修剪整齊的小鬍子。跟「東方大飯店」簡直是天生一對。如果人們在某個沙龍或商場下方的飯店咖啡廳裡見到他，或許會認為他不是客人，而是這家飯店的主人。艾許頓・狄爾克（Ashton Dilke），這位英國紳士的典型代表，早在搖籃裡就已經培養好了一切。他是查爾斯・狄爾克爵士（Sir Charles Dilke）的兒子，先是受教於私人教師，然後進入劍橋大學，接著四處遊山玩水。帶著在出版業闖出一番事業的雄心回到倫敦後，年僅二十五歲就收購了《每週快電》（*Weekly Dispatch*），代價一萬四千英鎊，但一年後卻又將報社轉手。目前狄爾克為執政的自由派在下院當差，但為了治療自己的肺結核，打算在阿爾及爾過冬。

這家有著餐廳、天鵝絨窗簾、吊燈、吸菸沙龍及閱讀沙龍的飯店，適合像狄爾克那樣的人，不適合他。太昂貴、太花俏、太熱鬧了。昨天，在他抵達此處的第一天，這個城市的法國人舉辦了他們的嘉年華。許多廣場上都有小樂隊表演，海濱步道擁擠不堪。在費梅家作客完再度返回飯店時，他希望能擺脫噪音和擁擠的壓迫，無奈的是，飯店裡當然也在慶祝。飯店高層想為他們的冬季旅客提供點什麼。

今天的天氣會好轉，報上說，午後溫度會到上升到十四度，不會下雨。這是個搬遷到維多利亞旅店的好時機。幫他處理大大小小一切事宜的又是費梅：雇用行李挑夫，通知旅店準備房間，在門廳接他，提議至少有段路搭乘馬拉街車。

只不過，在他看來，這似乎又過分了點；畢竟，此時天空是藍色的，頭一遭。唐金醫生勸告過他，在溫和的天氣下應該稍微多動一動。於是，他決定放棄馬拉街車。他們沿著海濱步道前行，然後循著與第一回同樣的路徑爬上伊斯利門（Porte d'Isly）。所有其他的路徑都是吃力不討好的繞道。防禦工事束起了這座城市，往上穆斯塔法的方向就只有這個有著兩個狹窄通道的門。在它前方的街道上有些店鋪和工坊，住在這裡的主要是鞍具匠。顧客幾乎清一色都是阿拉伯人，他們一個店家逛過另一個店家，一下嫌韁繩、一下嫌馬鞍，交頭接耳、討價還價、比手畫腳，覺得不滿意就毫不客氣地轉身離開。過了門後，一整個安靜下來，路上可見騎著馬或乘馬車的歐洲人，但卻再也不見阿拉伯人，除了那些身著多少有些奇怪的制服隨侍在主人身邊的僕人。在漫步中，他與費梅登上了盤山公路，也再度對沿途那些茂盛的野生橘子樹感到驚嘆。

維多利亞旅店的花園位於一路上升至房屋的階地。整個花園的花開得紅通通的。他們沿著坡道向上走到門廊入口。這間旅店無法和他們沿途經過的一些別墅相比，它只是一個簡單的鄉間民居。除了他前一日曾參觀過的、在二樓的房間以外，這家旅店還有五間客房。六間房租給六位客人，旅店無法提供更多的房間。它們相互並排，前有一條長廊，向外望去，阿爾及爾市區、港口及海灣的絕佳美景一覽無遺。一樓有沙龍、小餐廳，以及兩位女主人的房間。

旅館主人馬上介紹其他客人給他認識，整間旅店洋溢著賓至如歸的氛圍。所有的人都說法語。克勞德女士（Claude）來自瑞士的納沙泰勒（Neufchâtel）；卡斯泰拉女士（Casthelaz）有她的藥劑師兒子莫里斯（Maurice）隨行；年輕的阿蒙．馬格納迪爾（Armand Magnadère）是來自巴黎的銀行員，他顯得十分疲憊、虛弱；最後一位則是獨自旅行的女家教，她翻閱著阿爾及爾的報紙廣告，希望能在某個有錢人家找到一份工作。那是個人數稀少的小社群，非常適合他；一大群人不是他所喜歡的。

只不過，就算是這一小群親切、友善的人，他還是覺得稍有負擔。待費梅告辭，他總算能回房休息，這才覺得輕鬆。天氣確實明顯好轉，他不禁在房前的長廊上站了幾分鐘，欣賞這個城市及新月形海灣的美景。他眼前的山崖，宛如觀眾們排排坐在寬闊的露天圓形劇場裡，直至岸邊斜降而去；房屋與別墅穿插其間，彷彿在等待著空蕩蕩的大海舞台有什麼精彩的劇目上演。

然而，美不勝收的景色卻也改變不了什麼，他無法擺脫自己的悲傷。他覺得自己就像踏上了冒險旅程最後階段的唐吉訶德（Don Quixote）。那些不想去理解時代已將他們及其可笑想法遠遠拋下的政治對手，早已不下數十次取笑他是呆頭呆腦的唐吉訶德。不過，這位不食人間煙火的西班牙騎士，卻是他最喜歡的文學人物。他的創作者塞凡提斯，讓他在經過漫長流浪後最終不得不明瞭，自己再也見不到心愛的妲希妮雅（Dulcinea），於是便陷入了深深的憂鬱，不久後就撒手人寰。多麼奇怪的念頭啊！塞凡提斯剛好

從穆斯塔法遠眺阿爾及爾（攝於一八八〇年左右）

就是在此地，在這座城市，阿爾及爾，被海盜擄為奴隸；過了五年，他的家人才籌足贖金將他救回。

自從他也不得不明瞭，自己已失去心愛的燕妮後，一晃眼也過了兩年。先前她已有很長一段時間感到身體不適，體重也不斷下滑。最後兩人一同前往曼徹斯特（Manchester），去找他們的朋友甘伯特（Gumpert）醫生。醫生花了一番功夫，徹底為燕妮做了檢查，但他的臉色卻越來越憂心忡忡。問題出在肝臟。恐怕是癌症。

醫生這時已經沒有多少能做的事了，他囑咐她住在海邊靜養，務必好好地躺在床上休息。不過，很明顯地，基本上醫生只是將自己的束手無策隱藏在這番義正辭嚴的醫囑背後。

和燕妮返回倫敦後，他立刻去向城內最好的一些醫生求助。他不想放棄。他想起了數年前在一場治療中所聽聞的，一位住在卡爾斯巴德（Karlsbad）的專家。只不過，虛弱的燕妮覺得自己恐怕禁不起那麼漫長的舟車勞頓，因此他們只能透過書信向那位醫生描述燕妮的病徵。

令人憂心的事情彷彿還不夠多似的，這時他們的大女兒，連同她的丈夫及三個兒子讓（Jean）、哈利（Harry）、艾德嘉（Edgar），居然要舉家遷回巴黎。法國政府對政治難民頒布了一道特赦令，他們的女婿查爾．龍格在極左派報紙《正義》（*La Justice*）找到了一個編輯的工作。這下子燕妮和他不但得和女兒分離，還得和帶給他們許多快樂及消遣的孫子們分離。

後來，當他們確實前往靠海的義本（Eastbourne）後，這時燕妮已經虛弱到有好幾段路都得坐著輪椅前行。之後他們又一起前往巴黎北邊的阿讓特伊，一方面看看女兒現在過得怎麼樣，另一方面則是要去抱抱這段期間剛出生的第四個外孫。小外孫取名叫馬塞爾（Marcel）。此時燕妮與他的心中當然充滿了甜蜜。

但隨之而來的卻是苦澀。夫婦倆返回倫敦後，燕妮變得越來越虛弱。不久之後，她就只能臥病在床，其餘事務都已完全無能為力。到了十一月，從德國傳來了令人振奮的選舉結果。儘管俾斯麥（Otto of Bismarck）早在數年前就已立法禁止所有社會主義的團體和黨派舉行集會或散發傳單，但社會主義工人黨仍然在下屆國會中增加到了十二個席次。十二位社會主義的議員！這是多麼美妙的一場勝利，長久以來的第一個好消息。

然而，嚴重的支氣管炎與胸膜炎，卻一下子又把他丟上病床。病勢來得又快又猛。他全身燒得發顫，幾乎無法呼吸，咳嗽時簡直快窒息。唐金醫生開始在他的胸部和頸部塗抹藥膏，藉以消除胸膜積水。他每天都來，早晚各一次，彷彿就快要放棄治癒病患的希望。

足足有三個星期都無法起身，當時他就是這麼虛弱。他躺在自己的房間，透過敞開的門聽見燕妮越來越弱的聲音。他呼喚她，她回答，但她有氣無力的回答彷彿只是耳邊細語。有天早上，他覺得自己應該已有足夠的力氣走過去看看她，和她說說話。他用平穩的呼吸小聲為她朗讀《現代思想》（*Modern Thought*）月刊上一篇盛讚他和他思想的文章。這讓燕妮笑顏逐開。

幸運的是，她沒有痛苦。唐金醫生為她施打了嗎啡。在臨死之前，她罕見地用英語和他聊了一會兒。幾乎直到最後一刻，她都還意識清楚。她與大家握手，勉力露出微笑。在最後的幾個小時裡，她沒有痛苦的垂死掙扎，只是慢慢地沉沉睡去，她的雙眸遠比先前的任何時刻更飽滿、更美麗、更明亮！

那已是兩個半月前的事了。唐金醫生禁止他參加葬禮，非常堅定地要他遵從醫囑。原本他並不打算聽從醫生的命令，但他實在是精疲力竭，最終也只好讓步。他甚至連將燕妮的死訊通知給親友的力氣也沒有。他只寫了兩、三封簡短的書信，還有一封較長的書信寄給遠在巴黎的女兒燕妮。她的丈夫龍格，那個無可救藥的蒲魯東主義者，在《正義》上寫了一篇不準確且愚蠢的悼詞。在信裡，他向女兒數落了龍格在那篇短文中所犯的錯，還請求女兒，將來絕不要讓她的丈夫在文章裡再提到他。

從那時起，忠實待在他身邊的就只有兩件事：他的病和災難般的天氣。他乖乖遵守醫生的所有囑咐，一點也不敢違逆醫生的所有指示；儘管如此，病情卻始終不見起色。此外，他所到之處，無論是倫敦、懷特島、法國，還是目前所在的阿爾及爾，寒冷和陰雨總是不離不棄跟著他。漸漸地，他不禁把如此的窘境當成笑話看待。無論他選擇什麼目的地，一旦到了那個地方，天氣就把自己最糟的那一面拿出來招待。一直到今天，一直到這個下午，這可怕的幾個星期以來，他才首度見到了藍天與一點點的太陽。從房前長廊看出去，他見到了花園裡九重葛與玫瑰茂盛的紅色花簇，見到了被暖和氣溫吸引到迴廊上的其他客人。這番光景看起來就像是個無憂無慮的社交夏令營。接著他的目光落在了海灣，活潑的海水正不知疲倦地玩著色彩遊戲。拍岸的浪花沿著沙灘拉出一條雪白的絲帶，在那後面，海水先是呈現綠色，在進入寬闊的大海前轉為青綠，接著才逐漸化為藍色。他大大地吸了一口帶點鹹味的空氣。或許，他還真來對了地方！

柏林與學生

當馬克思拿到自己的高中畢業考成績時他十七歲，墜入了愛河。他從小就認識燕妮．馮．西伐利亞，兩人曾在雙方的原生家庭裡度過大量時光，畢竟特里爾城不大，也沒什麼娛樂。然而，曾幾何時，顯然是在馬克思上高中的最後一年，他與燕妮的關係開始有了微妙的變化。

關於這段終身的愛情故事的開始，如今僅留下少數的提示，因為他們兩人都希望先別讓這段戀情曝光。尤其是，絕對不能讓雙方家長知道。據說，當時馬克思曾有過熱烈追求，甚至熱烈到，即使燕妮比馬克思年齡稍長，也著實有點被嚇到。在馬克思如暴風般的情愛攻勢下，燕妮也逐漸對他萌生了從未料想過的感覺。雙方得隱藏自己的愛意，這樣的曖昧也使得那些嶄新感受更加刺激與珍貴。

燕妮是個美女，是特里爾公認的舞會皇后。她出身貴族家庭，有個頗具影響力的父親，她苗條、聰明、迷人，渾身散發著魅力。「燕妮是個極具青春魅力的美麗姑娘，不僅表情豐富，她聰明的頭腦與活潑的個性更令她在同齡女性中顯得格外出眾」，她的異母兄弟曾如此描述她：「每當她出現，所有年輕男性的目光總會聚焦在她身上。」[9]根據所有流傳下來的記載，燕妮顯然外型亮麗，是父親的掌上明珠，受過良好的教育，飽覽群書，具有廣泛的文學知識，卻也十分幽默與優雅。在她十六歲時，她曾與一位普魯士的少尉匆匆締下婚約，只可惜，一年後雙方就在經常爭吵中解除了婚約，在那之後，她有很長一段時間對於回應崇拜者的追求裹足不前。也許就是需要這樣的猛烈追求，誠如高年級學生卡爾・馬克思所說，才能誘使她走出自己的矜持。

一八三五年十月，在收到自己的考試成績單後約四週，馬克思動身前往波昂（Bonn），他得在那裡攻讀法律。平常都還算是個和藹父親的海因里希・馬克思命令道：「我希望在你身上見到，如果我也能在那麼有利的支持下放眼世界，我或許能夠成為的什麼人。」[10]對馬克思來說，告別特里爾不僅意味著即將展開自由的大學生活，同時也意味著要與有著眾多仰慕者的女友燕妮分開，這對兩人感情也是一場嚴格的考驗。

或許馬克思一家全都陪著這個大兒子到特里爾的汽船碼頭，為他送行。畢竟就當時而言，可是有一段漫長的旅程正等著他。先沿著莫澤河（Mosel）航行到科布倫茲（Koblenz），到那兒得再轉乘另一條船，順著萊茵河航向波昂。這是當時最便捷的路徑，因為德國還沒有鐵路。大約兩個月後，在紐倫堡（Nürnberg）與福爾特（Fürth）之間的鐵道開通後，它的成功故事才正式拉開序幕；藉此，促使這個國家進一步工業化的重要條件才總算出現。馬克思的第一次單獨旅行，正是發生在這樣一個值得注意的歷史時刻。身為理論家，馬克思有幸從一開始就能觀察到鐵路的勝利：創新的運輸、生產及通訊技術所具有的改變社會的交互作用，很快就成了他的思考核心之一。

平均二．四分雖然不是十分亮眼的成績，不過他的父親，還有路德維希．馮．西伐利亞，卻都看出這個年紀還輕的小伙子有顆令他們印象深刻的「聰明腦袋」[11]，他們對他寄予近乎「奉承的厚望」，期待這小子「有朝一日能夠揚名立萬」。[12]雖然尚未做出任何成績，馬克思卻得到了令人稱羨的認可，只不過，對此他倒是沒什麼尊重或感激之情。事實上，如他後來所承認的，在大學時期他的行為舉止簡直就像「真正暴怒的羅蘭」。[13]他毫不在乎一般社交禮儀，也毫不在乎父親對他的期望與建議，更盡可能疏遠與家中的聯繫。他勤於寫情書給燕妮，但往往幾個星期，有時甚至幾個月之久，都不曾寫信回家。一開始這就導致了與父親的衝突，因為馬克思根本不願浪費精力向家裡報告，自己是否已經安全抵達波昂。他的父親在信中生氣地寫道：「自從你離家已過了三個禮拜，卻是音訊全無。你明知道你的母親會擔心，居然還如此散漫。雖然你有某些良好的特質，但遺憾的是，這種不負責任的情況卻證實了我的想法，自私在你的心中占據了主導地位。」[14] 儘管父親提出如此憤怒的警告，馬克思卻依然故我。舉例來說，過了好幾個禮拜，直到有求於父母時，馬克思這才把自己在波昂的正確地址告訴父母。

但另一方面，對於兒子的勤勉學習，做父親的倒是無可指謫。在第一個學期，馬克思同時修了三個法律預科，誠如教授們給他的評語：「非常用功」甚或「極度用功」。除此之外，他還加入了大學的特里爾同鄉會，不久後更出任會長。加入同鄉會的學生們經常聚在一起飲酒，有時甚至會糾眾和其他社團打群架，譬如成員多半來自東普魯士的「普魯士兵團」（Corps Borussia）。不過，馬克思還是比較喜歡參加詩社的活動，也勤於去聆聽人文學科的講課，其中有兩堂課是由奧古斯特・威廉・席列格（August Wilhelm Schlegel）主講；三十年前在耶拿（Jena），奧古斯特與他的弟弟弗里德里希（Karl Wilhelm Friedrich Schlegel）就已經是德國浪漫主義的思想先驅。

校園新鮮人馬克思覺得，相較於當律師，自己還比較適合當詩人。路德維希・馮・西伐利亞在他身上所喚醒的對文學的景仰，如今已轉化成熱情。就連這個領域，他也是高度用功。他的詩作產能十分驚人。儘管部分手稿後來佚失，但他在頭兩個半學年裡所寫下的詩，連同一部戲劇和一段小說，仍有四百多頁保存至今。

其中的大部分，都是為了在特里爾苦苦守候的燕妮所寫。如同古往今來許許多多年輕的男女詩人，愛情也是馬克思在詩作方面最重要的動力。不過，在他的詩作裡，情愛感受多半不是以溫柔、優雅的面貌呈現，而是一種真正強大的、不朽的表現。他的意象是狂野的，有時甚至不太和諧，就拿從某首情詩摘錄的段落為例，他先是讓「心靈」（不是心臟）火熱地跳動，接著又立刻讓一股洪流衝過它們：

燕妮！可否容我大膽地說出，
我們交換了彼此的心靈，
它們合成一體火熱地跳動，
一股洪流衝擊了它們的波濤？

於是我嘲諷地丟出手套
朝著一個世界的寬闊臉龐，
巨大的女矮人在呻吟中倒下
我的熱情無法粉碎她的殘骸。

我能變得像神一般，
勝利地穿越她的廢墟國度，
字字句句都是熱情與行動，
我的胸懷就如同造物者的胸懷。[15]

在這首詩中，那份渴望燕妮的激情傾覆了整個世界，緊接著兩度讚揚了愛慕者的熱情，由於這位愛慕者熾熱的情感，他不僅證明了自己能變得如神一般，更證明了自己擁有如造物者般的創造力。簡言之：愛情被當成某種激進的授權法來歌頌；其中也包含了以凱旋之姿毀滅世界的權利。

馬克思在文學上喜歡借用浪漫主義偏愛的題材和語調，這是顯而易見的。在他的詩作裡，愛情的死亡與月光被歌頌，夢想及夜晚的魔力被稱讚，晦暗而未實現的渴望被召喚。「我被一種永恆的渴望，永恆的喧囂，永恆的熱情所震撼。」[16]那裡「心」（Herz）天衣無縫地押了「痛」（Schmerz）的韻，這裡則出現了地靈、花王、精靈或美人魚，或是有什麼瘋狂的、絕望的、分裂的人頗富詩意地在哀悼自己的痛苦。就彷彿他想要迫使這些陳腔濫調的主題無論如何再次散發出詩意的光彩，於是他讓自身詩作的情緒強烈冒泡、毫無節制，這也賦予了它們一個過度誇張的表情。

換句話說，日後如此具原創性的思想家馬克思，當他身為一個詩人時，卻是高度地在模仿。他完完全全地宥限於他那個時代的破舊文學時尚中；與此同時，在達姆城（Darmstadt）裡，只稍長他四歲、但已因從事革命顛覆活動而遭通緝的格奧爾格・畢希納（Karl Georg Büchner），卻信心十足地跳脫出了那樣的窠臼。

儘管如此，年輕詩人馬克思卻不缺自信。相反地，在並非表達對燕妮的愛意的那些詩作裡，他的詩展現出一種引人注目的傾向，他偏好描繪盡可能大如宇宙的意象。在他的詩裡，經常會涉及到上帝與惡魔、最高的意義與最深的困難、最初與最終的問題等等。有些句子在音律上顛顛簸簸，內容也晦暗不明，不過，在那些最棒的字裡行間，倒是能讓人明顯感受到某種生存的絕望。例如，在以下這首以非常基本的《人類生命》（*Menschenleben*）為題的詩作裡，馬克思就帶出了一種著重於陰沉的存在。

片刻的光陰倏乎逃離；
它所帶走的，一去不回。

死即是生，一種永恆的死；
困苦支配了人類的努力；

他逐漸消失於虛無；
它弱化他的行動與熱情。

靈魂譏笑他的所作所為；
急切的渴望，與黑暗的路徑；

永恆的懊悔在徒然的歡愉之後；
永遠的遺憾在最深的心坎之中；

貪婪的願望與悲慘的目標
這是他的生命，宛如空氣的遊戲。

偉大的猜想卻從不偉大，
即使對自己嗤之以鼻，這是他的命運。[17]

就連在這裡，也都有些曖昧不明的段落（像是「死即是生，一種永恆的死」），此外，「永遠的遺憾」[18]指的是什麼，同樣也不很明確。不過在韻律上，這首詩的七個詩節基本上倒是前後一貫。如果我們把詩中言簡意賅的短句兩兩湊在一起，第一行明顯都是上揚，後一行則以下降來回應。這也呈現出了某種單調的擺盪，藉此突顯人類生命的徒勞與無望。當中我們完全見不到任何可能的發展、意義，甚至宗教的溫暖；取而代之的，整首詩沉浸於苦澀理智的悲哀。

若想藉由一位青年詩人帶點任性的詩作輕易推敲出他的心理狀態或世界觀，未免有點冒險了。不過，對於欠缺任何形上避風港的存在具有的易逝性，不僅上述這首《人類生命》道出了擔憂，另外一些詩作同樣也是。[19]因此我們可以在裡頭窺見更多作者的思緒，而非僅僅只是一日的心情。在每首詩中，欠缺某種約束性的秩序彷彿理所當然地被設為前提，同時卻又被責難為徹底的不確定。年輕的馬克思顯然有著重新為存在創造可長可久的基礎這樣的需求；而且，若是我們考慮到，馬克思後來一輩子都在致力為這個世界提出一套嶄新的、完整納入所有時代與生活領域的詮釋，這點就更為明顯。

當然，要取笑學生馬克思那些往往不太靈巧的詩句很容易，但這麼做卻未免太廉價了一點。因為，相較於其他年輕詩人，馬克思的文學自我批判也算夠大的了，畢竟他也意識到自己作品的貧瘠。到了十九歲，也就是在他離開特里爾短短兩年後，他就在一封寫給父親的信裡直言不諱地清算了自己的詩作：「所有真實的變得模糊不清，所有模糊不清的毫無極限，對現在的攻擊，泛泛的、雜亂無章的感受，沒有什麼天然的，一切都由月亮構成，實際與應然的完全對立，修辭的反射取代詩意的構思。」[20]馬克思從未喪失對文學的熱愛。他不但喜歡像莎士比亞之類的古典小說家，不少同時代的作家，如巴爾札克（Honoré de Balzac）、海涅、狄更斯（Charles Dickens）等，他也十分推崇。只不過，在一八三七年十一月那場徹底的自我否定後，他誓言放棄個人的文學雄心。一八四一年一月，他在一個短命的刊物上又發表了兩首「狂野詩歌」（是他在幾年前就已寫下的）；那份刊物是根據席列格兄弟編輯的早期浪漫主義雜誌《雅典娜神廟》（*Athenäum*）命名。從這之後，馬克思就不再嘗試創作詩歌，讓自己曾經有過的企圖在手稿文件夾中平靜地散去。

這段文學創作的年少時期，同樣值得注意的，還有他父親的包容。一個人想要、或得要在普魯士成為律師，他的面前就有條漫漫長路等著他：多年的學業，一次實習，兩次國家考試。此時的馬克思毫無收入，必須仰賴家裡支持。這也難怪海因里希．馬克思從一開始就告誡自己的兒子，不要浪費時間，要專注於自身專業所需的課程上。畢竟，這個家還有其他六個孩子，其中有四個是女兒，得為她們各備置一份嫁妝。海因里希．馬克思曾在信中向他的長子表示，一想到這些花費，他就不禁毛骨悚然！儘管如此，當兒子拿自己的首批詩作請他給點意見時，他倒是表現得很開明、尊重。他表示，自己無法點評那些詩作，他天生就沒有詩歌細胞。取而代之，他立刻讚許並警告他：「時至今日，一個人如果想以詩人或作家的身分闖出名號，就必須有點料。〔……〕讓我直言不諱地告訴你，我很樂見你有這方面的才能，對此我也滿懷期待，只不過，若是你只被看成是個平庸的詩人，我會感到很悲哀。〔……〕在一個被寵壞的世界裡，唯有那些出類拔萃的人，才有權得到關注。」[21]

儘管父親的回應如此寬宏大量，他們之間的關係還是逐漸惡化。最晚，到他的兒子在過了頭兩個學期從波昂轉往柏林大學後，海因里希．馬克思就再也管不動他了。父親語重心長地建議他，應該好好經營日後在發展事業上能為他提供「一點保護」[22]的人脈。但他卻寫信告訴父親：「抵達柏林之後，我就不再與至今為止的朋友聯絡，只會勉強做些難得的拜訪。」[23]父母總是懇請他注意自己身體，但馬克思卻經常會熬夜撰寫法哲學論文，覺得不妥又會立刻銷毀，於是他的身體就這樣搞壞了。父親要求馬克思得出席規定的法律講課，但他卻幾乎足不出戶，埋首於自選的哲學研究。父親以近乎央求的口吻請他定期以書信報告生活情況，但馬克思沒興趣寫家書的態度卻依然故我，經常連續幾個星期都不曾寄給家裡隻字片語，萬不得已必須寫點什麼，寄回家的也是「一封沒有形式與內容且難以判讀的信，一個被拆解的、不知所云的片段」。[24]

簡言之，卡爾・馬克思顯現出了一個吊兒啷噹的大學生的所有特質。當兒子在轉往柏林前於一八三六年在特里爾與燕妮・馮・西伐利亞訂婚，這讓海因里希・馬克思更加憂心。這項決定也表現出了這位年僅十九歲的大學生所具有的反叛精神，他完全沒興趣去考慮這個社會的遊戲規則。馬克思雖然出身富裕家庭，但他畢竟只是個普通小老百姓，而他的新娘卻是位貴族。光是這點，在特里爾這個省區小城裡就足以讓人們議論紛紛。不僅如此，馬克思與大他四歲的燕妮兩者間的年齡差距，更讓這樁婚姻幾乎成了一件醜聞。因為，在那個年代的上流社會，一個男人在規劃自己的婚姻之前，必須先事業有成，能夠合乎身分地照顧妻子，這被視為是必備條件。由於大學教育曠日廢時，有利可圖的職位競爭激烈，在十九世紀時，學者們在能夠打算成家前，往往都已經一把年紀了。

對燕妮・馮・西伐利亞來說，提早嫁給・馬克思尤其會讓她面臨許多非常具體的生存風險。由於父親投資房地產失敗，失去了大部分家產，當時已二十二歲的她根本無法奢望能有什麼可觀的嫁妝。接受培訓或工作，對於她這種身分地位的女性來說，也根本是不可能的事。因此，她沒有什麼別的選擇，只能留在父母身邊長期等候，直到馬克思完成他的學業並找到工作；不僅如此，她更得指望，馬克思日後確實會回來娶她。

海因里希・馬克思總是想方設法，讓自己的兒子留心燕妮・馮・西伐利亞的處境，督促他有紀律地學習，盡快完成考試。燕妮為他做了「無可估計的犧牲；她證明了一種唯有冷靜的理性才能完全讚賞的自我否定。如果你在自己的人生中有一時半刻忘了這一點，你就真的該打！現在你只能好自為之了。儘管你有過放蕩不羈的青春歲月，不過，從我對你的觀察，我敢肯定，你定能成為一個值得世界尊敬的男人，定能以旋風之姿席捲這個世界」。[25]

燕妮・馮・西伐利亞

儘管殷殷叮囑要有責任感，他的兒子卻把那些話當耳邊風。開展律師事業對他越來越沒吸引力，他反倒打算待在大學裡當個哲學老師，而這將使他的求學之路繼續延長。後來他又興起擔任行政人員的念頭，儘管他對行政學根本沒有興趣。[26]或者，當個成功的戲劇評論年鑑編纂者，也未嘗不是個好主意；這樣的念頭也曾在他的腦海裡盤旋過好一陣子。在大多數情況下，對於兒子三心兩意的人生規畫，海因里希・馬克思總是表現出寬大的態度；他會去探聽適合的職業道路，考慮得失利弊，擬定妥善的生涯策略。他不是家裡的暴君，不會強迫猶豫不決的子孫接受一條他們不喜歡的人生道路，他毋寧是把自己看成人生閱歷豐富的顧問，嘗試幫助兒子在自己選擇目標的這條路上能夠走得平順。

一直到一八三七年，家中境況開始嚴重惡化，父親的語氣才變得嚴厲。從年初開始，海因里希・馬克思就感到身體不適，接著更一直擺脫不了惱人的咳嗽。醫生說這是「痛風咳嗽」，建議他去愛慕思泉（Bad Ems）療養。海因里希・馬克思雖然遵照醫生的指示去做，但病情卻完全未見好轉。不僅如此，么兒艾德華（Eduard）的肺結核症狀卻是越來越明顯，不久之後他就無法上學，最終更在一八三七年十二月年僅十一歲時死亡。

在小艾德華過世前五天，海因里希・馬克思已然失去耐心，他寫信狠狠地罵了那個在柏林磨磨蹭蹭的大學生。不過，即使是在這樣的情況下，他不能也不想壓抑自己對長子的才華所抱有的尊重，甚至還稱他做「天才」。他的父親罵道：光是做為一個人對於自己的家庭與未婚妻所負有的責任，早就該「讓一個狂放的小伙子變成一個循規蹈矩的人，讓一個只會否定的天才變成一個紮實可靠的思想家，讓一個喜歡滋事的頭目變成一個合群的人」。但馬克思是怎麼樣在過日子的呢？「我的天啊！！！雜亂無章，在所有的知識中載浮載沉，在幽暗的油燈下胡思亂想；雖然沒有在啤酒杯中變野，卻在學者的睡袍與蓬頭垢面中變野；拒絕從事社交，更忽略所有該對父親的禮貌與尊重。」[27]

這種「波希米亞」的混亂，如海因里希．馬克思所知，不僅在學業上，就連在金錢的處理上也是。他的兒子既無法控制自己的開支，也不在事後向他報告自己的開支。即使是一筆可觀的數額，只要一到他的手上，立刻就會花個精光。他不是個浪費的人，也不愛那些奢侈品。事實上，他對金錢根本毫無概念；思考如何節約地使用資金，這在他的意識中簡直就是一片空白。

這方面的無能一輩子都伴隨著卡爾．馬克思，後來這也成了他和家人痛苦的源頭。這位政治經濟學的偉大理論家，無可救藥地被日常生活的經濟給難倒。雖然父母的財產並沒有多到數不清，他卻始終認為他們應該足夠有錢，可以讓他擺脫所有物質方面的憂慮。早在學生時期，一旦父親給他的為數可觀的生活費告罄，他就會開始盲目舉債、簽發本票或向朋友小額周轉，之後他往往會把人家借他的錢當成贈禮。如果債權人向他施壓、逼他還債，他就會去別的地方借錢，挖東牆補西牆。為了至少能支付宿食費用，他經常會把住處裡未被固定住的東西拿去當鋪換錢。這種處理金錢的方式，就長遠看來，不但讓人神經緊張、臉上無光，更是浪費時間，況且還有借款利息的問題，代價可謂十分高昂。

馬克思絕非好吃懶做的人。相反地，他其實是個工作狂。從讀大學起，他就養成整夜讀書或寫作的習慣。熬夜時，他會抽煙讓自己保持清醒，就算有時只抽得起最便宜的煙，他也照抽不誤，健康就這麼受到了額外傷害。然而，是否有人會為他的工作成果掏錢、掏多少錢給他，換言之，它們是否具有市場價值，如果他真的關心過這些問題，恐怕也只是次要的關心。從正面的角度來說，他所在乎的是工作這件事情，而不是物質方面的收入。或者，說得稍微不客氣一點就是：身為一個天生的藝術家，他只堅持追求自訂的目標，完全不把任何一點心思浪費在思考那些目標的經濟可利用性。他一生只有過唯一一次致力謀取有償的餬口工作。當時貧困實在壓得他喘不過氣來，他不得已去應徵一個辦公室文書的職位，可是他的字跡實在難以辨認，最終還是遭到拒絕。

在工作中，馬克思找到了能逃避自己所面臨的物質短缺痛苦的避難所。當然，家庭遭逢的苦難折磨了他、震撼了他；可是，除了求救信、欠條、當票或薪資欠佳的新聞工作，他實在想不出怎樣才能止住貧困。「我和我的家人在此身無分文」，一八四九年他從巴黎寫信給朋友說道：「老實告訴你，如果我無法從什麼地方得到幫助，我就完蛋了，因為就連最後的一件珠寶也進了當鋪。」[28]一八五八年時他曾向恩格斯訴苦，燕妮已經把她的披肩和其他衣物拿去典當，近來天氣嚴寒，他們卻再無煤炭：「老實說，再這樣下去，我寧可躺進地下一百尋（**古時長度單位，即雙臂伸直的長度，約合一．九公尺**），也好過繼續這樣下去。」[29]到了一八六二年，因負債累累而寧可輕生的，換成了他的妻子：「我的妻子每天都跟我說，她想帶著孩子們進墳墓，我真的無法責怪她，因為在此般處境中必須經受的羞辱、折磨與恐怖，其實是筆墨難以形容的。〔……〕我實在不想告訴你，在倫敦連續七週沒有一個生丁（法國、比利時、盧森堡等國的貨幣名稱）這種真正危險的境況；這樣的慘況在我們家其實經常上演。」[30]一八六八年時，馬克思自己做了一個苦澀的總結：「再過幾天我就五十歲了。〔……〕過了半個世紀我依然是個窮光蛋！」[31]

如果沒有恩格斯，馬克思恐怕最晚到了三十出頭就玩完了。在英國流亡期間，這兩位朋友的財務狀況很快變得前途渺茫。於是恩格斯於一八五〇年帶著沉重的心情，決定從倫敦搬到不受歡迎的曼徹斯特，前往他父親持股的「艾爾曼與恩格斯」（Ermen & Engels）紡織廠擔任文職。從那時起，他就秉持著令人欽佩的無私態度，一路資助了馬克思及其家人數十年；是的，直到馬克思過世之後依然持續著。恩格斯剛開始任職時的薪水十分微薄，為了幫助好友，他還不惜盜取公款。他先從公司的錢箱裡取出小額金錢，然後把鈔票切成兩半，再用兩個信封分別把兩堆只有一半票面的鈔票寄往倫敦，最後馬克思與燕妮．馬克思再把那些鈔票拼回去。過了一段時間之後，恩格斯的父親不但給他加薪，還同意額外給他一筆用來交際應酬的特支費，恩格斯便定期匯款給馬克思，直至一八七〇年馬克思成了類似今日的退休銀髮族，他更撥給馬克思一筆可觀的年金。

馬克思的錢荒是如此殘酷，他面對錢荒的態度也是。他不是什麼迷人的乞討者或長袖善舞的生活藝術家。經常性的貧苦讓他變得冷酷無情、自以為是。他把那些前來催討欠款的債主稱為「混蛋」、「蠢驢」、「惡棍」。那些不能及時死去好讓他繼承其遺產的親戚，在他眼裡全是「繼承障礙」。當他把自己的所有小禮服全拿去當舖換錢以致再也無法出門時，他寫信向恩格斯訴苦：「如今所有的一切全是狗屎，可是我擔心，這樣的破事會結束在醜聞中。」他從他的小姨子那裡得知「我太太那位堅不可摧的叔叔病倒了」，是他唯一收到的好消息。「如果現在那隻老狗死了，我就可以擺脫困境。」[32]三年後那個人終於死了，馬克思居然把這件事註記成「非常快樂的事件」。由於在他和他太太的親屬中有好幾位有錢的叔叔、伯伯、姑姑、姨媽之類的親戚，因此馬克思總是一再盼望著能有機會多多少少分得一點遺產，一舉解決他的財務問題。誠如他的傳記作者理查・佛里登塔爾（Richard Friedenthal）寫道，馬克思一輩子總是期待著，要不就來筆大的遺產、要不就來場大的革命，藉此一舉掃除自己所有的困苦。在這兩種情況裡，如他所期待的，將有一個自由的存在等著他，再也不必被迫籌錢。[33]

在一八三七年十二月寫了一封憤怒的信給自己的兒子後，海因里希・馬克思已經時日無多。父子倆透過書信再度言歸於好，卡爾・馬克思則在一八三八年初從柏林返回特里爾，一方面是回去見見自己的未婚妻燕妮，另一方面更重要的，是回去探望病榻上的父親。一八三八年五月十日，在他啟程重返柏林的三天後，海因里希・馬克思逝世。馬克思返抵柏林時收到父親的死訊，這帶給他很大的衝擊。

不久之後，他與母親為了遺產的事開始鬧得不太愉快，彼此的不睦很快就演變成嚴重的衝突。馬克思吵著要母親給他自己應得的遺產份額。然而，根據婚約，家中財產有很大一部分是屬於母親的，剩餘的財產她則試圖先守著，因為她得幫四個女兒每人準備一份嫁妝。最後，她給了長子一百六十塔拉做為一八三八學年度的生活費，另外又給了他九百五十塔拉，做為父親遺產的份額與她自己將來遺產的預付；關於這個部分，其實得等將來她過世了，他才有資格繼承。總而言之，母親給了他一筆普通的大學生夠用好幾年的小財富。然而，馬克思管理不善的天分很快就讓這筆錢化為烏有。於是這齣爭產鬧劇不久後就上演續集，馬克思此後更只以「老太婆」稱呼自己的母親。直到亨莉亞特·馬克思於一八六三年去世，整齣鬧劇才總算落幕。

在父親死後，馬克思很快就告別法律學業，整個人幾乎只浸淫在哲學中。遵循許多浪漫主義作家的典範，他從既有的詩歌集中整理了一套民歌彙編，將它寄給遠在特里爾的燕妮·馮·西伐利亞，藉此向她保證自己不渝的愛情。只不過，他再也沒有像過去那樣高昂的創作雄心了。

當時最具影響力也最耀眼的哲學家，莫過於黑格爾（Georg Wilhelm Friedrich Hegel）。從一八一八年起，一直到他一八三一年去世為止，黑格爾都在柏林大學執教。雖然總是低頭沉吟，半晌擠不出幾個字，他的講課卻散發出巨大的吸引力。不僅所有學院的學生會擠進他的課堂，就連這個城市的知識分子與政治菁英，像是部會官員、軍人、受過教育的市民、自由派貴族、藝術家等等，也都是他課堂上的常客。因為黑格爾所做的事情是重新建構人類的整個知識與思想，將它們放入一個全面的、理性的秩序之中。

也因此，他正好符合他那個時代的一項基本需求。最晚隨著法國大革命的爆發，舊時奠基於宗教確定性的世界秩序開始變得可疑。啟蒙理念、對個人的日益重視、與日俱增的個人權利需求，侵蝕了舊王朝傳統的意義供給。信仰的統一力量雖未枯竭，但卻持續被相對化。這也在政治方面帶來了一些後果。舉例來說，維也納會議想要利用天權神授說繼續證明專制王朝的合理性，這樣的試圖就顯得過時且無力。

無論是黑格爾，還是以席列格兄弟為首的浪漫主義者，他們全都是首批對於這種變化做出反應的思想家。他們各自在尋找，在空出的位子上換入另一種核心意義的方法。因為，對於沒有任何形上學保障的存在所感到的恐懼，正如馬克思在《人類生命》一詩中所述，大大地震撼了許多當時的人，直至人格最核心的部分。弗里德里希．席列格與黑格爾分別發展出「新神話學」的概念，做為社會共同體的思想基礎。「新神話學」所指的並不是某種人為創造的信仰系統，毋寧說是某種連接領域，可以透過它來建立一種新的、普遍的、精神的相互關係。席列格認為，這種新神話學的泉源就在「靈魂的最深處」與「觀念論」中[34]；青年黑格爾則認為，他們必須「為觀念服務」，成為「某種理性的神話學」。[35]

他們倆就以這樣的方式，來回應那個時代對某種並不落後於啟蒙的智性要求且具有連結性與約束性的意義賦予，所明顯感受到的需求。哈伯瑪斯（Jürgen Habermas）在評論黑格爾時曾說：「發生於神話中的這種個別的個體與他們特別的政治共同體在一個普遍的、宇宙的秩序的水平上的統一，旨在加入現代的自由觀念與個人完整性觀念這樣的條件下重建哲學。」[36]儘管浪漫主義與黑格爾的哲學很快就分道揚鑣，但他們的方法其實非常相近。

當馬克思從波昂轉往柏林大學時，黑格爾已經過世五年，不過他的思想具有的主導地位仍未被撼動。親改革派的普魯士文化部長卡爾・馮・斯坦（Karl vom Stein zum Altenstein），本身也是黑格爾的自由派追隨者，他特別偏愛黑格爾的學生，拔擢他們擔任教授與講師。起初，馬克思對於黑格爾十分鄙夷，甚至在許多短文裡取笑黑格爾那些抽象且往往曖昧不明的用語：「我確實告訴你們一切，因為我什麼也沒有告訴你們！」[37]但最後他卻放棄了反抗，徹頭徹尾地精研黑格爾；而且，誠如當時十九歲的他所言，越來越向「當今的世界哲學」[38]靠攏。

不把「精神」或「理性」視為某種靜態的東西，而是當成某種存在於持續發展中的、動態的東西，這是黑格爾的基本思想。知識會在正位與反位的衝突中增長、銳化。不過，根據黑格爾的觀點，我們不應把這種過程想成是無害的對立，它其實是兩股衝突的力量，命題與反命題，一場徹徹底底的毀滅戰；它們會在毫不留情的對抗中消滅彼此，同時也在這場毀滅行動中產生一個更為複雜的綜合命題，先前那些較為簡單的立場則會廢止於這個綜合命題中。這個綜合命題會被視為一個更高層次的命題，接著又會有一個反命題來挑戰它，這種辯證的知識獲取過程就這樣不斷地持續下去。

黑格爾認為，這種更高發展的三步驟存在於所有生活領域，從化學中最微小的原子過程，到科學或藝術，一直到整個歷史的運轉，都能由它們構成。他是一個最純粹的觀念論者，拒絕承認精神與物質的根本分離；在他看來，物質的歷史同時也是精神的歷史，物質的歷史必須要在這樣的意義下重寫。在他眼裡，不同的國家並非不同的代表，而是持續在發展的觀念的化身；在這些國家之間的戰爭中，我們可以見到命題與反命題之間的衝突，說穿了，它們其實是永恆、普遍精神的內在衝突。藉由這樣的方式，黑格爾將每個時代、每個歷史過程、每個思想觀點都化為建構其哲學的材料，他想憑藉這套哲學來證明，歷史是逐漸朝向更高的理性邁進。

甚至，黑格爾走到了，在意識中發現辯證的發展模式。人類意識的獨特之處，在於它可以意識到它本身。在最初的幼兒階段（命題），意識還是模糊不清。它處在一種彷彿夢境的階段，在那當中它幾乎沒有意識到它自己。黑格爾認為，這種自我意識直到第二個階段（反命題）才會發展開來。意識領會到自己是意識，不僅面對著自己，在某種程度上也把自己當外人看。在意識的自我邂逅中同時存在著某種自我異化。自我被分成了一個察覺著自我的自我，與一個被自我察覺著的自我。到了第三個階段（綜合命題），意識瞭解到自己與那個被察覺的自我意識是相同的，於是它消除了先前所感受到的異化，在一個更高層次的自我認識上與自己和解。

黑格爾把這樣的階段性發展套用到上帝的精神。就連祂，也被他視為一種演變的自我意識，而非某種自始至終都是完美無瑕的東西。黑格爾對上帝的想像明顯有別於基督教的上帝概念；畢竟，在黑格爾的觀念論中，整個世界連同它的歷史發展，無非就是上帝（黑格爾稱其為「絕對精神」〔absoluter Geist〕）在其發展中所表現出的方式。在經歷這個精神處於其中只是在作夢的第一階段後，它就來到了通往自我意識與自我異化的第二階段。它分裂成察覺者與被察覺者。在黑格爾看來，這無非就是我們眼前這個世界所處的階段。在上帝的自我異化階段中，本質上是統一的東西分裂了；精神的世界、察覺者，與物質的客體的世界、被察覺者。一直要到下一個、也就是最高的階段，精神才會開始瞭解這兩個面向的同一性，這樣的分裂才會被治癒，精神則會做為絕對精神回到它自己本身。這種分裂與回歸自我，黑格爾寫道，是種「『絕對』不斷與自己演出」的「悲劇」，「它不斷產生客體性，在它的這個形式中（……）產生了痛苦與死亡，也從灰燼昇華為燦爛。在它自己的形式與客體性下的上帝直接具有雙重性質，它的生命是這些性質的絕對統一。」[39]黑格爾認為，自己的工作是項艱鉅的任務，他得根據這些想法，從頭到尾將所有現實、歷史與科學深思熟慮一番，藉此引導精神走向自我認識、走向自我統一。在這樣的情況下，黑格爾理所當然地認為，憑藉他的作品，哲學找到了它自然的結論，世界之謎也終於解開。

對於深受自然科學影響的我們這個世代的人而言，這一切聽起來有著高度的思辨性，也有點模糊不清。不過，在十九世紀的前三分之一世紀裡，德國深受觀念論的影響，黑格爾的哲學有著強大的說服力。其中一個原因在於，它描繪了一個幾乎能夠海納萬事萬物的體系，這個體系承諾了某種全面的、近乎宗教的世界秩序；世界秩序會透過理性往越來越高的認識前進，過程中即使沒有信仰的非理性範疇，它也能應付得來。從國家的角度來看，也沒有什麼反對黑格爾的理由。因為，根據他的思考模式，政治組織也是以理性之名向前發展；何妨將統治普魯士的專制王朝視為統治形式在歷史演進中登峰造極的終點？這是一種黑格爾至少沒有明白表示反對的詮釋，這樣的詮釋也讓黑格爾的思想在幾乎十到二十年間被提升為普魯士的國家哲學。

然而，到了一八四〇年，隨著腓特烈．威廉三世（Friedrich Wilhelms III）逝世，還有他那原先在態度上比他自由的兒子腓特烈．威廉四世（Friedrich Wilhelms IV）登基，普魯士的政治氛圍卻開始轉變。原本對黑格爾及其弟子十分友好的文化部長卡爾．馮．斯坦，早在兩年前就已離職。對於熱衷新教復興運動的新國王來說，宗教問題扮演了無比吃重的角色；在這樣的情況下，黑格爾對基督教的上帝概念所保持的距離，也變得越來越關鍵。與此同時，腓特烈．威廉四世卻也讓許多臣民對於普魯士立憲（他的父親曾多次承諾立憲）所抱持的希望成為泡影。他認為自己完完全全是承受上帝的恩典，一部憲法將使他的王國淪為虛構、某種抽象概念。

對這時已在撰寫博士論文的卡爾・馬克思而言，這聽起來就像是一種荒謬的倒退、回歸過去民智未開的時代。在黑格爾標榜理性與進步的哲學面前，這位國王的想法實在過時得可笑。這段期間，馬克思經常會與一些講師及其他知識分子聚在一個所謂的「教授俱樂部」（Doctorklubb）[40]裡，大家不僅談論黑格爾的理論，也談論政治問題。聚會的核心人物是布魯諾・鮑爾（Bruno Bauer）與阿諾・盧格（Arnold Ruge）。布魯諾・鮑爾是神學講師，他曾在一八四〇與四一年發表兩本書，讓自己大放異彩，從而成為位居領導地位的聖經評論家。阿諾・盧格先前曾在哈勒大學（Universität Halle）擔任哲學講師，這時則是雜誌編輯兼自由作家。除了他們以外，同屬這個小圈子的，還有布魯諾・鮑爾的兩個兄弟，艾德嘉（Edgar Bauer）與艾格柏（Egbert Bauer），主張一種激進的、哲學的個人主義的馬克思・施蒂納（Max Stirner），以及若干記者；其中阿道夫・盧騰柏格（Adolf Rutenberg）、卡爾・弗里德里希・柯奔（Karl Friedrich Köppen）、路德維希・布爾（Ludwig Buhl）與艾德華・麥恩（Eduard Meyen）等人，日後曾在馬克思擔任報紙編輯的歲月裡扮演某種要角。

馬克思的年紀明顯比幾乎所有其他成員還小，不過，憑著豐富的學識、敏銳的反應與犀利的修辭，他很快就贏得眾人的尊敬。這個社群不是在大學聚會，而是在咖啡店或啤酒吧。他們的討論並不像學術研究那麼死板板，氣氛相當熱鬧、活潑，有時甚至還有點混亂。對於這群後來被稱為「青年黑格爾派」（Junghegelianer）的黑格爾弟子來說，尖銳的批評與放肆的爭吵其實都是好的；畢竟，根據黑格爾的基本信念，唯有透過命題與反命題之間一決勝負的激烈衝突，人們才能靠近真理。阿諾·盧格曾在一封信中描述過與布魯諾·鮑爾及其他人聚會的情形：他們「在酒館裡互相咆哮、咒罵、扭打，當我要離開時〔……〕他們還差點摔到我身上。所有的這一切，他們都覺得很棒、很自由。」[41] 恩格斯後來也參加了一次飲酒之夜，當時馬克思並不在場，他事後憑著記憶，以漫畫方式描繪了當時的情況：桌上擺滿了半空的酒瓶及倒臥的酒杯，一張椅子倒在地上；在騷亂中，布魯諾·鮑爾舉起拳頭朝阿諾·盧格衝去，馬克思·施蒂納則在一旁抽菸看著好戲。

起初，年方二十一歲的馬克思身處於這種打打鬧鬧的氛圍中尚覺自在，它們迎合了他反資產階級的藝術家心態。然而過了兩三年，把自己定位成中產階級受雇編輯的他，就不再喜歡這樣的場面。大多數的爭辯都圍繞在宗教議題上打轉。一方面，新任國王在政治上的反動與信仰上的示威態度，激發了這個群體的反對精神。另一方面，受黑格爾的歷史哲學刺激，亦即試圖從每個時代的歷史背景去理解每個時代連同它們的文化成就，自十八世紀啟蒙運動以來所鬱積的對《聖經》文本的批判態度也趨於激化。基本上，這些青年黑格爾派當時對基督教所做的，無非就是如今西方國家經常要求伊斯蘭教要做的事，也就是和其他所有文獻一樣，以科學的角度對宗教經典進行歷史的、批判的分析。這些研究強烈撼動了人們對基督教信仰內容的看法。在布魯諾・鮑爾的文章，還有在他們那個時代非常成功的《箋註版耶穌傳》（*Das Leben Jesu, kritisch bearbeitet*，作者為大衛・弗里德里希・史特勞斯〔David Friedrich Straus〕）一書裡，《聖經》的故事不再被當成真實的歷史事件，而是源頭疑點重重的神話。後來費爾巴哈（Ludwig Feuerbach）以典型的黑格爾術語，將連同基督教在內的所有宗教形容成是人類異化了的自我意識的結果。諸如仁慈、憐憫或愛，此等人類最好的特質被投射到某個超然的神靈上，從而成了崇拜的對象。費爾巴哈總結道：並非上帝根據祂的形象創造了人類，而是人類根據自己的形象創造了上帝。

由於宗教懷疑的怒火，導致一整個世代的青年黑格爾派全都斷送了自己的事業。在腓特烈・威廉四世的統治下，普魯士的大學和公家機關完全沒有無神論者與基督教批評者的容身之地。他們沒有一個人能夠當上教授，許多他們所寫的書籍更被查禁。馬克思為自己的博士論文選了一個相對無害的歷史哲學主題：《德謨克利特與伊比鳩魯的自然哲學的差異》（*Differenz der demokritischen und epikureischen Naturphilosophie*）。他原本還以為這樣肯定不會妨礙自己日後在學術圈裡謀取教職。可是一方面，他的論文強烈受到黑格爾的思想及論證模式所影響，另一方面，他又與布魯諾・鮑爾走得太近，這一切都成了致命因素。

先前的文化部長卡爾・馮・斯坦，在一八三八年被迫離職的不久前，還曾幫助布魯諾・鮑爾進入波昂大學擔任神學講師；鮑爾在那裡比在柏林有機會成為教授。在鮑爾接下波昂的工作不久後，他就催促馬克思趕緊完成博士論文，因為他見到可以安插他在波昂擔任講師的機會；一旦自己取得教授席位，就能幫他取得教授的資格。然而終其一生，馬克思在寫作上總是起頭容易收尾難；一直拖到一八四一年初，他才終於完成論文。不幸的是，在這段時間政治局勢丕變，他的博士論文在柏林大學毫無過關機會。不僅如此，此時馬克思也超過了四年的修業年限，因而被註銷學籍。於是，他決定將自己的論文改投到普魯士境外，位於杜林根（Thüringen）的耶拿大學（Universität Jena）。一八四一年四月六日，他把論文用郵件寄出；到了四月十五日，由於該大學哲學院院長卡爾・弗里德里希・巴赫曼（Carl Friedrich Bachmann）對他的論文讚譽有加，因此哲學院頒給了他博士頭銜。如果我們考慮郵件的在途期間，耶拿大學其實只有一週的時間審查論文。有鑑於這麼短的時間，後來巴赫曼院長經常被懷疑，那篇論文他頂多只是稍微瀏覽了一下。不過，這樣的疑慮其實是可笑的，因為馬克思所具有的成為哲學家的卓越能力根本毋庸置疑。

剛拿到博士學位的馬克思先是返回特里爾，在家裡和燕妮・馮・西伐利亞那裡待了六個星期，最後才啟程前往波昂。大他六歲的記者兼作家摩西．赫斯（Moses Hess）曾在一封信裡提到，當馬克思這回抵達波昂後，給人留下了什麼印象。赫斯的父親是個正統猶太商人，後來更成為工廠主。當赫斯於一八四一年在科隆的青年黑格爾派聚會上認識馬克思時，他已經寫了兩本書；身為德國首批政治記者之一的他，在自己的書裡堅決主張社會主義的論點。相反地，當時馬克思頂多只能提一提自己未發表的博士論文。儘管如此，在一封寫給朋友的信中，赫斯卻對這位年紀較輕的新人佩服得五體投地：「你可以做好心理準備，認識這位最偉大的、也許是目前唯一存活著的、真正的哲學家；不久之後，無論他在哪裡公開亮相（以發表文章的方式或在講台上），他都將吸引德國的目光。〔……〕馬克思博士，我的偶像的大名，還是一個年輕的小伙子〔……〕；他把最深刻的哲學嚴肅性與最犀利的幽默結合了起來；你不妨想像一下盧梭（Jean-Jacques Rousseau）、伏爾泰（Voltaire）、霍爾巴赫（Paul-Henri Thiry, Baron d'Holbach）、萊辛（Gotthold Ephraim Lessing）、海涅與黑格爾統合成一人，我說的是統合，不是匯集；然後你就能知道馬克思博士是怎樣的一個人了。」[42] 雖然赫斯如此熱情的讚揚看得出來是有點誇張，不過透過他所寫的內容，我們倒是可以猜想，與甫跨越學生身分的馬克思辯論，給他的對話伙伴留下了怎樣的深刻印象。

在馬克思自己斷送了發展學術事業機會的第二年，布魯諾．鮑爾扮演了一個矛盾的角色。他首先敦促馬克思刪除博士論文裡直言不諱的、無神論的前言，好讓普魯士的文化官僚機構沒有可以大作文章的施力點。可是等到馬克思一八四一年七月抵達波昂後，鮑爾的態度卻又顯然沒那麼謹慎。他們就像昔日在「博士俱樂部」那樣在酒館喝酒鬧事，或在教堂裡喧嘩、嘻笑，這些舉動也震驚了波昂的中產階級社會。鮑爾還參加了一場普魯士當局所不樂見的、為自由派法學家狄奧多·魏克勒（Carl Theodor Welcker）所舉辦的慶祝活動。此外，他更出版了三卷一套的《對觀福音書作者的福音史批判》（*Kritik der evangelischen Geschichte der Synoptiker*）；在這部著作裡，他把耶穌的生平說成是文學虛構。後來，在一八四二年的復活節，鮑爾與馬克思在波昂的歌德斯堡（Godesberg）租了兩頭驢子，他們騎著驢子穿越當地，無疑是在模仿耶穌進入耶路撒冷。事情鬧開之後，鮑爾失去了他的講師職位，馬克思則跟他一起名譽掃地，取得教授資格一事是再也不可能了。比起當個政治家，其實天生更適合當個學者的馬克思，如果當時能夠順利在普魯士當上教授，又會走出一條什麼樣的人生道路呢？這樣的想像相當吸引人，但終究只是多餘的猜想。

在馬克思離開特里爾六年半後，他有了博士頭銜，在國內的青年黑格爾派知識分子中也享有卓著聲譽。除此以外，他現在卻是兩手空空，沒有收入、沒有恆產、更沒有具體的就業前景。

阿爾及爾III：大拳頭

痛的是左邊。光是呼吸就痛，一咳嗽當然就更痛了。情況一天比一天嚴重。他始終覺得，自己的左胸因為生病受到了無可挽回的破壞。

接連三天，天氣對他起了一點憐憫之心：天空是蔚藍的，溫度如春天般溫暖，幾乎感覺不到風。起床後，他隨即走到門前長廊上，在那裡待了幾分鐘，享受阿爾及爾市區、港口及海灣的美景。城市在晨光的照耀下令人眼花撩亂，閃著銀光的大海靜靜地延伸到遠方地平線。他望著漁民們的小船，他們在撒網前其實並沒有離岸很遠。風景在他的生命中從來不曾扮演要角，他的腦袋總是用在別的地方、用在更重要的一些事情上。然而，如今突然有時間了，許多的時間，還有這樣的景色、空氣和花園，它們構成一個令人痛徹心扉的美麗組合。

用過早餐後，如唐金醫生所叮囑的，他沿著一路為坡道上下鑲邊的那些花園稍微散散步。他留心著不要走太遠，而是要平靜地行走，他不想出汗。舉目所及，到處都有工地。摩爾人（Moors）那些又舊又簡單、沒什麼裝飾的房子被人拆掉，取而代之的是新的、現代的別墅。它們多半都是歐式風格，有些則會稍微點綴一點東方的裝飾。一些行道樹上懸掛了穆斯塔法區的官方公告，上有市長署名，令他吃驚的是，他所見到的不是一個法國人名或阿拉伯人名，而是德國人名。

就連經常前往維多利亞旅店作客的醫生，也有一個聽起來像德國人的名字，查爾斯．史蒂芬博士（Dr. Charles Stéphann）。人們向他保證，這位醫生是阿爾及爾最好的醫生，是本城醫學院的一位特任教授，人們甚至還同時授與他兩個教授席。他是位四十開外的男性，一頭淺色頭髮，嘴巴上下各留了一撮小鬍子。一副夾鼻眼鏡為他柔和的臉孔添上了些許剛硬的線條。

這位醫生給他的第一印象，就是精力充沛、細心縝密。儘管是星期天，他還是不辭辛勞地前來旅店出診，因為他對那位來自巴黎、臉色蒼白的年輕男性甚是擔憂。年輕的阿蒙．馬格納迪爾幾乎足不出戶，他已有好幾天不曾與其他客人一同用餐。

在診察完馬格納迪爾先生後，他也請史蒂芬醫生幫自己診療一下，他用簡短幾句話描述了一下自己的病史、失眠，還有左胸的疼痛。醫生二話不說準備為他做檢查，請他回房脫掉上衣，然後仔細地敲擊與聆聽他的胸腔。接著醫生要求他稍微咳幾下，感覺一下他發熱的程度，請他準確描述自己感受到的疼痛，最後再度仔細聆聽他的胸腔，接著皺起了眉頭。

醫生的診斷是胸膜炎，和十一月時在倫敦的情況一樣。舊疾復發。或許是因為在前往馬賽的火車上受寒所致，又或許是在前往阿爾及爾的航行途中受寒所致。史蒂芬醫生明白表示，重要的是先控制住因發炎在胸膜不同層之間產生的液體。那些液體限縮了肺，阻礙了它的功能。他必須開給他含有斑蝥膠棉（cantharidal collodion）的濕敷藥物，這種治療既痛苦又惱人，卻是無可避免。此外，他每餐還得服用一個溶在水裡的砷製劑。不僅如此，醫生更開給他鎮咳的可待因藥水，主要是為了讓他在夜間好好休息和睡眠。靜養是眼下最重要的事。因此，不能給身體或心理造成任何較大的負擔。頂多只能稍微散散步，或在消遣的程度上做點閱讀。

對於這位醫生如此態度堅定的治療，他相當寬慰。史蒂芬醫生顯然不是什麼鄉下醫生，也不是和藹可親的醫生。他已在唐金醫生那裡見識過濕敷藥物。先用刷子在前胸或後背塗上一塊腐蝕性強的綠色藥膏，接著再蓋上一塊亞麻布。為了不讓亞麻布脫落，醫生會用膠條將它們固定。藥膏會劇烈燒灼皮膚。幾個小時之後，就會形成許多灌滿水的泡泡。那些積水便以這樣的方式被從胸膜移除。當唐金醫生首次從他的胸部卸下濕敷藥物時，他覺得自己彷彿是在看著一塊微型的西瓜田，綠油油一片，鼓脹的水泡。這些水泡必須切開，才能移除液體。下面的新皮膚呈現淺紅色，起先會十分敏感，因此同一部位的治療得隔幾天或一個禮拜才能再進行。

第二天，他立刻帶著史蒂芬醫生開的處方前往阿爾及爾的藥局。不幸的是，暴風雨趕跑了好天氣，盤踞了這座城市。由於外頭實在太冷了，他得穿上倫敦帶來的犀牛大衣才能離開旅店，雖然在屋子裡他只穿了一件輕便外套。其他的客人根本就不出門。他們心存敬畏地談論著「暴風雨」，猶如在談論某種神力。震懾於狂風的怒吼以及偶爾穿插的打雷與閃電，維多利亞旅店裡的一小群人緊緊地靠在一起。與母親同行的年輕藥劑師莫里斯・卡斯泰拉表示自己願意在進行濕敷藥物治療時幫忙。這樣的協助，特別是在進行後背的治療時，是不可或缺的。史蒂芬醫生在次回出診時給了卡斯泰拉一些指導，教他如何使用綠色藥膏、刷子和亞麻布，這位年輕人在各種程序都做得非常得體，顯得十分熟練，像是刷塗藥膏、固定亞麻布與刺破小水泡等。

血！突然間，手帕有血。他在咳嗽時經常會咳出可怕的東西。但如今咳出物卻是紅色的，整條手帕被染紅了。不僅如此，嘴裡還散發出難聞的血腥味。他不斷猛咳，一點也沒有停止的跡象。

他請人去通知醫生。史蒂芬醫生立刻趕來。醫生先請他回到床上，要他不要做不必要的運動、不要開口、不要講多餘的話。接著醫生讓他用熱水泡腳，服用一些高劑量的藥劑，那些藥是史蒂芬醫生立刻差人從阿爾及爾取來的。

儘管如此，咳嗽與咳血的情況卻是越演越烈。兩者都勢不可擋，接連三個黑暗的日子。他的胸部彷彿像被一個大拳頭重壓與猛搖。睡眠是想都別想了，他只能趁發作的空檔稍微打個盹，然後又會嚴重咳嗽，咳到幾乎喘不過氣來。夜裡是最糟的，他聽著呼嘯的狂風，凝視著漆黑的房間，想著燕妮，自己人生中最美好的歲月。醫生每天都來，檢查是否發燒，開新的藥，親自進行濕敷藥物治療。胸膜間的積水必須移除，如此一來，肺才能重新獲得更多空間。

咳嗽終於平息，嘴裡的血腥味也逐漸散去，留下的就剩可怕的精疲力竭。他沒下床，虛耗一整天，心思全逗留在自己的回憶裡。史蒂芬醫生還是經常來探視他，只不過，如今主要是為了馬格納迪爾先生而來；他是維多利亞旅店另一位生病的客人，此時的病情比先前更加惡化。

天氣好轉，他也重新恢復了一點元氣。醫生准許他，偶爾可在穿暖一點的情況下從床上走到長廊，在那裡他可以裹著毯子坐在躺椅上，享受新鮮的空氣與美麗的風景。就連不許多說話的禁令也獲得鬆綁，於是他和醫生聊了一會兒，講了先前妻子過世的事情。

在咳血危機期間，費梅無法前來探望他；這倒無所謂，來了也是白來，因為那時他們根本不能交談。在醫生允許他說話後，費梅立刻趕了過來，順道還帶來了一封憂心父親近況的女兒燕妮從阿讓特伊寄來的信。她在憂心忡忡下寫了這封信給費梅，因為自從父親寄了封報告自己安全抵達阿爾及爾的信給她之後，幾個禮拜音訊全無。儘管當時她立刻回了封信給父親，懇切地請求他至少用「三言兩語」報告自己的健康狀況，但他卻完全不曉得女兒的回信與請求，因為他從未收到那封信。在與費梅短暫商議後，他們隨即差人前往東方大飯店打聽；燕妮的回信應該是寄到那裡去了。事實上，那封信已在那裡擺了兩週半，櫃檯人員二話不說便將信件交給來人；最後那封信總算被帶回維多利亞旅店，交到真正的收信人手上。

信中字裡行間透露出女兒對他的憂心，但另一方面，女兒卻也為他加油打氣，希望父親能夠重新振作起來。自從他啟程前往阿爾及爾後，讓與艾德嘉，他的外孫，每天早上問的第一件事就是外公。他現在在哪？他從非洲回來時會不會變得像黑人那樣「黑漆漆的」？她也提到了愛琳娜（Eleanor）的近況，這其實是個敏感的話題，但她嘗試將一切描述得讓他可以接受。

每每思及愛琳娜，他那問題多多的小女兒，就不免令人痛心。他們之間的緊張關係持續多久了？大概有十年了。就只是因為那個自大的法國人。

兩個年齡較長的女兒，燕妮與蘿拉（Laura），都愛上了不可靠的法國蠢蛋，拉法格與龍格。可以想見，他們不會給自己的女兒什麼好日子過，但女兒們卻不惜一切代價嫁給他們，儘管這些男人在事業上恐怕不會有什麼光明的前途。他無法阻止那兩段婚姻。其中一個女婿拉法格，在失去蘿拉與他所生的三名子女後，他放棄了自己的醫生工作，接著這位庸醫買下了一項自己毫無概念的新印刷技術專利，與自己的配偶鬧翻。另一個女婿則是個平庸的記者，同時也是冥頑不靈的蒲魯東追隨者；結了婚之後，除了責罵與咆哮，他什麼也沒給過自己的太太。

然而，愛琳娜沒有從姐姐的悲慘經驗裡學到教訓。年方十七她就愛上了一個年紀大她一倍的法國人，普羅斯培・奧利維・里沙加雷（Prosper-Olivier Lissagaray）。這傢伙，如同拉法格與龍格，也曾是巴黎公社（La Commune de Paris）的鬥士，被迫流亡到倫敦。他在那裡生活窘迫，除了一屁股債，什麼也給不了妻子。在起初的某次會面裡，他這個女兒的父親，就曾向這個想寫本關於巴黎公社起義的書證明自身才華的年輕人表示，至今有關這個主題的書根本就是些垃圾。後來愛琳娜坦承自己愛上了里沙加雷，他嚴格禁止她跟那個人有任何來往，而且明白告訴她，自己永遠不會答應她嫁，永遠。燕妮卻覺得這樣不對；這也是他的妻子極少數對他的決定表示反對的事情之一。燕妮背著他同意里沙加雷與愛琳娜交往，但他很快就得知這件事。里沙加雷與愛琳娜甚至偷偷訂婚，兩人自以為事情做得很隱密，殊不知，家裡很快就知道了。

愛琳娜的處境越來越困難，她也變得越來越焦躁不安。為了讓事情有個了斷，他帶愛琳娜去布萊頓（Brighton）散心。可是到了那裡，愛琳娜卻一直在說她的里沙加雷，早也里沙加雷、午也里沙加雷、晚也里沙加雷。儘管如此，他卻依然認為，自己實在看不出有任何理由改變對那個人的評斷。三週之後，就在他準備打道回府時，愛琳娜拒絕與他同行。她決定留在布萊頓，請阿諾・盧格——偏偏是盧格，他的宿敵之一——幫她在某所女子學校謀職。當時她才剛滿十八歲。她在那裡待了四個月，老是生病，甚至曾在白天數度昏厥，里沙加雷當然有去看她。慈祥的母親燕妮也曾前去布萊頓探視女兒，幫她準備一些衣物，還塞給她一些錢，返回倫敦後甚至偷偷地寫了一些信給她，鼓勵她要堅強。

然而，這一切都動搖不了他這個父親的態度，他還是堅決反對。當愛琳娜重返倫敦的家後，她繼續反抗。她在大庭廣眾下抽煙，坐在咖啡廳看報，獨自一人去看舞台劇，或在書桌上給他放封信，說她到底何時才能再見到里沙加雷；她用盡自己所有的力氣去忍耐，可是她再也撐不了多久了。她甚至計畫去學習一技之長，以找份能讓自己獨立的工作。她先是夢想在舞台上闖出一番事業而參加表演課；後來，她又嘗試擔任翻譯或記者。

她變得越來越虛弱、憂鬱，有時幾乎整天都不吃東西，老是抱怨頭痛與失眠，經常一整個星期都瀕臨精神崩潰邊緣。女兒的肝和膽出現不適情況，而他自己也為類似情況所苦，於是他決定帶著愛琳娜一起去療養，先是去了哈羅蓋特（Harrogate），繼而又前往卡爾斯巴德。有時他的女兒似乎暫時忘了苦惱，陪著他度過幾天無憂無慮的日子，享受療養勝地悠閒的社交生活。但這種情況總不長久。

多年後，當里沙加雷完成那本關於公社的書時（書本得在布魯塞爾印行，當時在巴黎當然找不到任何出版這本書的機會），愛琳娜整個人像炸了開來。里沙加雷寫了一部很棒的作品，不僅用上所有出版的文獻資料，還擁有一些別人所沒有的文件。這是巴黎公社第一部可靠的歷史，它具有如回憶錄般的特質；畢竟，直到最終以三萬人死亡的可怕結局收場，里沙加雷曾見證了大部分的起義過程。

愛琳娜馬上著手將里沙加雷的手稿翻成英文，在這個過程中，身為父親的他很有耐心地在一旁看著她工作，若有必要則協助她做些修改。他甚至把這本書推薦給一家德國出版社，還幫忙挑選傑出的譯者。

然而，儘管他把里沙加雷視為一位作者，他卻依舊不改自己對於做為一個男人的他所採取的態度。他始終反對里沙加雷跟愛琳娜結婚，他也語帶滿意地表示，愛琳娜其實很少反駁他的評斷。愛琳娜持續鬱鬱寡歡，有時甚至因過度焦躁不安而抽搐。這段期間她的母親不幸病倒了，在他這位父親經常把她

愛琳娜・馬克思，攝於一八八〇年

當成抄寫員差遣下，她更是悶悶不樂。經過多年掙扎，她的結婚計畫顯然已經告吹。

不過，如今女兒燕妮的來信卻寫著，在愛琳娜從阿讓特伊返回倫敦時，愛琳娜還曾與里沙加雷見過面。兩人約在巴黎的聖拉查車站（Gare de Paris-Saint-Lazare），但彼此只當對方是老朋友，而不是未婚夫妻，尤其愛琳娜的行為舉止更是特別冷靜。燕妮接著說道，如果仔細想想，里沙加雷過去的情史往往都搞到雞飛狗跳，這種昇華為摯友的關係，或許是最好的結局。她很感謝他，終究未能實現迎娶愛琳娜的計畫；即使是在境況最好的時候都不太值得嫁給法國人了，更何況境況不好的時候。

他把信擱在一旁，對於愛琳娜最終能夠順利化解這場延續十年的災難甚感欣慰。當時愛琳娜已經二十七歲，她抱怨自己的青春歲月全犧牲在照顧母親和充當父親的抄寫員上。她依舊是他三個女兒當中最不安於室的那一個。不過，無論如何，他畢竟免去了她這場前往阿爾及爾的旅行，關於這一點，她倒是沒什麼可抱怨。

或許，在下次檢查過後，史蒂芬醫生會再允許他去散步。連日來，他都只在長廊或維多利亞旅店一樓的迴廊透透氣、活動活動。天氣逐漸好轉，他的胃口也是。他希望這場可怕的危機已被克服。然而，無論天氣如何變化，在完全治癒自己的胸膜炎之前，他還不能夠離開。冷靜想想，空氣治療之後才能開始；況且，自己不正是為此才千里迢迢跑到阿爾及爾的嗎？

巴黎與天才

為何馬克思執意不肯讓記者里沙加雷娶她的小女兒，這一直是個謎。他因此做了一個超出愛琳娜能力所及的決定：她既不想拋棄里沙加雷，也不想拋棄自己的父親。當然，就某個角度來說馬克思是對的，那個想要娶她女兒的法國青年，經濟情況簡直糟透了；不過馬克思也很清楚，在他娶燕妮．馮．西伐利亞時，自己的財務狀況也好不到哪去。只不過，一想到自己人生中那些悲慘的貧困歲月，他就無法對女兒的終身大事睜一隻眼閉一隻眼，反倒覺得自己有義務徹底檢驗女婿候選人到底能提供女兒什麼保障。

一八六六年，當保羅．拉法格對他的女兒蘿拉展開熱烈追求時，他寫了封信給拉法格：「在你和蘿拉正式在一起前，我必須先搞清楚你的經濟狀況。〔……〕如你所知，我把自己的財產全都獻給了革命奮鬥。對此我並不後悔。事實正好相反。如果人生能夠重來，我還會做同樣的事。唯一不同的是，我或許不會結婚。只要還在我能力範圍內，我就不會讓我的女兒掉入曾經毀了她母親一生的懸崖。〔……〕在考慮結婚這件事情之前，你必須先在自己的人生中有所成就〔……〕。」[43]除卻馬克思從未坐擁能為革命犧牲的可觀財產這點之外，他的論述其實相當合理且一貫，但他卻未能守住這樣的要求。無論是次女蘿拉或長女燕妮，後來都分別嫁給了一文不名的流亡者保羅・拉法格與查爾・龍格。不過，當么女愛琳娜想要嫁給里沙加雷時，她卻被禁止享有同樣的權利。

必須承認，在年紀上她的姐姐們大了她將近十歲。如果說馬克思不希望愛琳娜在年僅十七歲時就決定自己的終身大事，這其實可以理解；即便他自己也是在年僅十八歲時就訂了婚。馬克思曾在一八七三年寫給恩格斯的一封信中表示，自己對里沙加雷的要求不外乎「能夠不要空口說白話地證明，自己確實不是虛有其表，別人確實是可以信賴他」。[44]

這對打算結婚的戀人當時相識才幾個月，作父親的抱持質疑態度，的確無可厚非。然而，里沙加雷在六、七年後（事實上，誠如女兒燕妮寄給身在阿爾及爾的父親至今尚未公開的那封信所示，甚至是在將近十年後）依然持續追求著愛琳娜；這位法國青年完全有資格提出證明，至少自己認真對待這段感情。

當馬克思於一八四一年初拿著剛取得的博士學位從柏林返回萊茵地區時，當時二十三歲的他也沒有什麼可以奉獻給妻子的。在之前的五年半，燕妮跟他也只在他三次短暫返回特里爾探視的期間碰過面。他在無數信件中狂熱宣誓的愛情，如今必須在日常生活中守護。儘管度過了不堪漫長等待、終至勞燕分飛的危險，但他們卻依然無法成婚，因為馬克思依然沒有任何收入。在他看來，取得教授資格、日後在波昂大學擔任教授，似乎是在職業上站穩腳跟最好的選擇，因此，在過了六週之後，他不得不再次與未婚妻分開，回到那個他展開學業的大學。

不過，有別於到了二十幾歲仍屈從於父親禁令的愛琳娜，在同樣的年紀，卡爾與燕妮卻早已無視於父母或社會的束縛。有一回，燕妮前往諾伊斯（Neuss）拜訪朋友，跟馬克思相約在旅途中的波昂或科隆碰頭，兩人就這樣共度了數夜。後來燕妮寫信給卡爾，她覺得自己「沒有遺憾，當我緊閉雙眼，就看到你幸福地微笑著的眼——卡爾，你瞧，於是我自己就在這樣的思緒中幸福——你就是一切，別無他物。喔，卡爾，我很清楚自己做了什麼，我很清楚世人會如何譴責我，我很清楚這一切的一切；儘管如此，我還是覺得既高興又幸福，世上沒有什麼珍寶能夠換得那些時光的回憶。」[45]

這也顯示出了，這對伴侶有多麼不在乎他們那個時代的禮俗。當然，誠如有時人們宣稱的那樣，婚前性行為在十九世紀中葉的德國其實並不罕見，私生子的數量就是一個明證。不過，在中產階級抑或燕妮所屬的貴族階級裡，對未婚女性來說，失去童貞始終是種難以言喻的瑕疵。是以，同床共枕增加了燕妮對情人的依賴，這點她心知肚明。她在信中對馬克思說道：「我已經不只是你的太太了，不是嗎？小卡，告訴我，我會是你的全部。〔……〕你過去的來信從未像現在這麼令人愉快、這麼令人療癒、這麼令人感到不可或缺；請你想一想，小卡，若你現在忘了我——不、不，你不能那樣——你永遠不能那樣。若你對我的愛終結，我的存在也會在同一瞬間終結。在那個死亡之後再也沒有復活——因為對於永續的信念只存在於愛中。喔，卡爾，整個房間圍著我咆哮、舞蹈。我不行了！」46

燕妮的父親路德維希．馮．西伐利亞於一八四二年三月辭世，他並未留給時年二十八歲的燕妮符合其身分地位的嫁妝；對她而言，自己的將來只能完全寄託在馬克思身上。一切都取決於他。在這樣的背景下，那段時期她在書信中所寫的情話，總帶有某些弦外之音：「多希望你現在能在這裡，我親愛的小卡；無論你在你的能幹、你的聰明中多麼容易遇見幸福，你也要快快退出那糟糕的傾向、惡劣的意圖；我並不會採取任何反動措施；我會耐心地躺下，給壞男孩獎賞。〔……〕你的相片在我面前是如此強大、閃亮，我的心是如此渴望你能在場，它是在多麼快樂與陶醉中為你而跳動，它是多麼戰戰兢兢地跟隨著所有你走的路。史里提爾隘口、黃金梅頓、巴巴盧格、潘沙，不論你到哪裡我都陪著你，走在你前面，跟在你後面。能否讓我為你鋪平所有的道路，清除阻礙你的一切。」47

然而，燕妮無法為她的卡爾排除他在職業規劃上遇到的阻礙。在馬克思打算依靠布魯諾．鮑爾在波昂大學發展一番事業的計畫觸礁後，如同幾乎所有的青年黑格爾派，他唯一的指望就是當個自由作家或記者勉強混口飯吃。他在柏林的「博士俱樂部」裡認識的阿諾．盧格，請他為他的《德國年鑑》（*Deutsche Jahrbücher*）撰寫文章。由於普魯士查禁他的《哈勒年鑑》（*Hallische Jahrbücher*），阿諾．盧格得在薩克森（Sachsen）的德勒斯登（Dresden）印刷他的《德國年鑑》。另一方面，從一八四二年初開始，《萊茵報》（*Rheinische Zeitung*）正式在科隆發行，它是富有公民、商人與銀行家對抗普魯士新王腓特烈．威廉四世專制虔信的統治風格之基礎。他們是自由主義者，最關心的莫過於自由貿易。此外，或許如同在特里爾的海因里希．馬克思和路德維希．馮．西伐利亞所期望的那樣，他們也盼望著一部能在民主與法治上給專制王朝清楚設限的憲法。

創辦《萊茵報》原本是要為自由派喉舌，不過金主對於辦報並不在行，剛開始時人事方面的一些決定並不是很順利。第一位首席編輯（當時並無現今我們一般所說的總編輯）所擁護的是經濟保護主義，而非自由貿易，也因此他很快就被掃地出門。接替其職位的是阿道夫．盧騰柏格，馬克思在柏林的「博士俱樂部」裡就已經認識他，盧騰柏格主要從青年黑格爾派中挑選同事。布魯諾．鮑爾、摩西．赫斯、卡爾．弗里德里希．柯奔、馬克思．施蒂納與艾德華．

麥恩等人都幫他寫文章，而且他們還會在文章裡宣揚自己的宗教批判思想；關於這點，使得這份報紙在深受天主教影響的科隆不太能博得好感。

在與難以預測的布魯諾．鮑爾有過一些不愉快的經驗後，馬克思對青年黑格爾派朋友的熱情已明顯消退許多。儘管如此，他還是被《萊茵報》所網羅；一八四二年五月五日，在他生日當天，盧騰柏格刊出了他的第一篇文章。接下來的幾個月，對馬克思來說是一個成形的期間；在這段期間裡，除了鑽研書籍，他發現了新聞工作是他的第二熱愛。他不是一個迅速又活潑的作家，相反地，編輯同事經常會對他感到絕望，因為他總是慢吞吞，還往往用一種抽象的、塞滿學術用語的語言來表達意見。不過，從這時起他再也不忽略時事，而成為了一個熱情的報紙讀者。對他來說，意見鬥爭、輿論製造者公開攤牌、不同報紙真真假假的新聞操作，成了一齣值得仔細觀察盡情分析、令人欲罷不能的好戲。

他的首篇文章就引起轟動。那是一系列戰鬥文章的序曲，在系列中，馬克思將新聞自由視為普世人權的一部分，極力捍衛它不受任何國家暴力的壓迫。全部六篇都是匿名發表，儘管如此，作者的大名還是不脛而走。就連他後來發表的文章（盧騰柏格總是迅速刊行）也延續了剛開始的成功，因此馬克思在報紙的製作人及金主圈子裡很快就躋身最重要員工之列。然而與此同時，由於該報的自由民主取向，以及經常仇視宗教的含沙射影，盧騰柏格也被普魯士當局給盯上。

官員們威脅要查禁報紙，這意味著辦報的所有投資都將血本無歸。一八四二年夏末，馬克思直接致函一位金主，針對如何領導編輯部與避免可能的查禁，提出許多詳細的建議。到了十月中，盧騰柏格被解職，馬克思接替了他的位置。他獲得了一份每年至少支付六百塔拉薪資的工作合約；這也總算給了他能夠成婚的機會。

不過，一開始他還是埋首於工作。他下定決心，要將報紙對準金主們的目的。在編輯室裡他拉緊韁繩，對柏林「博士俱樂部」那些青年黑格爾派的同路人明白表示，他自己是怎麼看他們所寫的文章（「以草率的風格添加點無神論和共產主義所做出的空洞無物、敷衍了事的作品」）[48]；在經濟政策方面，他誓言該報將堅定捍衛自由貿易，此外他也力邀科隆的自由派領導人物撰寫文章，其中包括了報紙的金主之一。在這些決定下，他或許不必去克服更大的內部阻礙，因為至今在政治上他幾乎未曾表態：在關於莫澤河葡萄農的困苦（由他親自觀察得知）或反竊取木材法等文章裡，他明顯表現出強烈的社會責任感。不過，要說社會主義或共產主義信念，在這個時點上，在他與恩格斯共同撰寫《共產主義宣言》（*Das Kommunistische Manifest*）的五年前，顯然還言之過早。舉例來說，當被指責所主持的《萊茵報》有左傾的傾向時，他曾在一篇文章裡極力撇清。他還警告：「我們堅信，真正構成危險的，不是共產主義思想的實際嘗試，而是它們的理論闡述。」因為所有這些思想的付諸實踐，「一旦它們變得危險」，人們都可以「用大砲來回應」[49]。並非直到成為革命者才如此，早在擔任編輯時，當涉及在政治中動用暴力，馬克思就已沒那麼扭扭捏捏了。

不過，從某方面看來，馬克思一點也沒有改變《萊茵報》的取向，它還是維持著批評普魯士的一貫態度。不僅如此，在他那尖酸刻薄的挖苦諷刺下，該報對普魯士專制的官僚政治與政府政策的反對態度變得更明顯，也更具傷害性。他不僅在過去的疏失或經濟危機中尋找各種弊病的原因，更集中火力把責任歸到普魯士官員的身上。在這種直接、充滿挑釁意味的攻擊下，使得普魯士當局對《萊茵報》更加感冒。馬克思在木材竊取法這件事情上對地方議會發出的猛烈抨擊，讓萊茵省省長要求立即撤換阿道夫．盧騰柏格；他誤以為盧騰柏格是該報的主編，殊不知此時該報已改由馬克思接掌。事實上，後來盧騰柏格還真的被迫辭職了；在解除主編職位後，他原本還先轉任該報的翻譯。

《萊茵報》打從一開始就受到審查機關的嚴格監控，在所有的文章和廣告刊印之前，它們都得先取得審查機關的許可。只不過，負責審查的官員程度往往不高，以致許多文章他們其實根本看不懂。有時他們會要求做些毫無意義的刪減，而某些巧妙的對普魯士的旁敲側擊他們反而看不出來，糊裡糊塗地就放行。舉例來說，恩格斯在多年後曾提到，有位負責審查的官員禁止刊登一則但丁《神曲》（*Divina Commedia*，字意為「神聖的喜劇」）新譯本的廣告，因為他認為不能把神聖的事物搞成喜劇。[50]這種得被比他無知的政府官員牽著鼻子走的情況，同樣激起了馬克思的反抗精神，他會不由自主地幹些不算微妙的復仇。有一晚，負責審查的官員受邀出席一場重要的社交飲宴，馬克思卻沒把該給的修改樣張交給他。時間很快地過去，那位官員越來越緊張，最後乾脆直接跑去馬克思的住處。

在按了一陣門鈴後，馬克思從四樓窗戶探出頭來。

『樣本呢！』審查官員朝上大喊。

『沒有！』馬克思朝下大喊。

『可是！！』

『我們明天不出刊！』

接著馬克思碰的一聲就關上窗戶。[51]

卡爾．馬克思不是普通人，《萊茵報》編輯室的同事都感受到了這一點。在盧騰柏格解職與最終被辭職時，他沒有表現出什麼同事情誼，強烈的自信心讓他無法在團隊中屈居某人或某幾人之下。在他眼裡，只有一個位置適合他，那就是領導人。他以最高標準來檢驗自己的文章，這讓他很快就贏得傑出的聲譽，但他卻難以忍受他人的成功。這種認真與好勝的態度，與他喜歡捉弄別人或藉由身體衝撞享受競爭快感的幼稚傾向形成強烈對比。有一回，他與體型遠優於他的同事卡爾・海因策恩（Karl Heinzen）連續喝了幾間酒吧。回到他的住處後，他居然把門鎖起來，想用毆打和推擠嚇唬他，失去耐性的海因策恩堅決反抗，最後乾脆把他丟進房間角落的小室。儘管如此，馬克思還是不肯罷休，不想那麼容易就饒過他，海因策恩索性破門而出，消失在夜色中。[52]

在馬克思發表描述莫澤河葡萄農困境的文章，並掀起一場反對俄國經濟保護主義的論戰後（據傳還因此導致沙皇尼古拉斯一世〔Nicholas I〕親自向普魯士駐俄大使表達抗議），《萊茵報》在一八四三年初走到了它的終點。有證據顯示，國王腓特烈・威廉四世對《萊茵報》其實是恨得牙癢癢的。一八四三年一月二十一日，普魯士內政部長阿道夫・海因里希・馮・阿尼姆・博伊岑堡（Adolf Heinrich von Arnim-Boitzenburg）寫信給負責的地方首長，信中表示：「這份報紙居然如此無法無天地反對法律與國家行政的權威，對此國王陛下表達了最高的憤怒。」[53]很快地，普魯士官僚就把國王的震怒化為一紙禁令。根據公告，《萊茵報》必須自一八四三年四月一日起停止發行。

讀者並不想乖乖接受這項決定。在科隆與萊茵地區的其他城市，人們紛紛提出請願書或發動連署支持該報的續存。《萊茵報》的業主們也嘗試向柏林的主管當局疏通，甚至寄了一封請求信給國王本人，懇請他收回成命。但這一切全都徒勞無功。

對馬克思來說，報社遭禁，代表自己又沒有收入了。不過，在擔任《萊茵報》主編的短暫期間，身為一位學識豐富又極具戰鬥力的記者，他倒是贏得不少非常富有的科隆市民的尊敬，在往後的幾年，他們偶爾會給予馬克思經濟上的援助。阿諾．盧格所主持的《德國年鑑》同樣也在普魯士政府的壓力下遭禁，同病相憐的馬克思立即寫了封信給他，信中表示自己打算離開德國。從他開始從事記者工作才短短九個月，普魯士的新聞工作環境已變得令人難以忍受：「奴僕的工作，即使是為了自由而做，即使是用針而非棍棒搏鬥，也是糟糕透頂。我已厭倦了偽善、愚蠢、粗暴的權威，厭倦了我們的軟弱、扭曲、畏縮、咬文嚼字。所以，政府再度釋放了我。〔……〕我在德國再也沒什麼能做的了。待在這裡，一個人只會扭曲自己。」[54]

這封信的收件人選得聰明，因為盧格已在計畫，要以別的形式與新的名稱在海外繼續發行他的《年鑑》。馬克思正在找工作的消息強化了他這個念頭。只不過，好事多磨。在經過長久的準備後，盧格總算為《德法年鑑》（*Deutsch-Französische Jahrbücher*）計畫找到合適的出版商。尤里烏斯．福祿貝爾（Julius Fröbel），一個移民瑞士的德國人，當時三十三歲大，他和馬克思一樣都在耶拿大學取得博士學位，後來在蘇黎世大學（Universität Zürich）教授礦物學。然而到了一八三九年，反動的蘇黎世保守派發動叛亂，反對該城的自由憲法，這起事件改變了福祿貝爾的人生。他成了民主運動的傑出代表人物，一八四一年更接手書商「文學專櫃」（Literarisches Comptoir），主要出版在德國因政治原因遭禁的書籍。

新推出的《德法年鑑》打算以巴黎為編輯基地，自從一八三〇年革命之後，在相對自由的公民國王路易・腓力（Louis-Philippe I）主政下，巴黎逐漸成為叛逆的、渴望自由的、遭到政治迫害的知識分子與藝術家匯集的據點。盧格與福祿貝爾希望文化之都巴黎充滿刺激的氛圍，而移民們心中的不安與激動，也能為他們的新刊物注入新動力。

馬克思獲得了一份聘他擔任編輯的合約，合約保證每年至少五百五十塔拉的薪資，除此以外，他為這份刊物所寫的每篇文章也都能得到作者稿酬。這份前景總算讓他能夠敲定與燕妮・馮・西伐利亞的婚期。他寫信給盧格：「我可以不帶一絲浪漫地向你保證，我從頭到腳非常非常認真地在愛。我訂婚至今已超過七年，未婚妻為我歷經了最艱鉅的、幾乎毀了她的健康的搏鬥。部分是與她那些虔信派的貴族親戚，對他們來說，『天堂的主』與『柏林的主』是同一個崇拜對象；部分則是與我自己的家族，其中包含了一些牧師和我的敵人。」[55]這樁拖延已久的婚事總算有個交代。在父親死後，燕妮和母親一同從特里爾遷往巴德克羅伊茨納赫（Bad Kreuznach）。一八四三年六月十九日，卡爾與燕妮就在那裡完成婚事，他們不單只有登記，還在教堂舉辦了婚禮。儘管馬克思總是強調自己的無神論思想，這對新人還是讓「牧師」

祝福了他們的婚姻。在那之後，兩人就展開蜜月旅行。「從克羅伊茨納赫出發，途經艾柏恩堡（Ebernburg），直到萊茵法爾茨（Rheinpfalz），接著取道巴登．巴登（Baden-Baden）返回克羅伊茨納赫。」[56]

除了這趟蜜月旅行以外，燕妮能否與她的新婚丈夫共度許多時光，不無疑問。畢竟，自從《萊茵報》遭禁後，馬克思就一直專注於兩篇文章的寫作；他與在此期間已有身孕的妻子落腳巴黎後，在《德法年鑑》發表了那兩篇文章。其中之一是十分重要的《黑格爾法哲學批判》（*Zur Kritik der Hegelschen Rechtsphilosophie*），我們可以把它視為原創而獨立思考的第一個成果，視為他人生的天才階段的序幕，在這個階段，馬克思短短幾年就為自己在未來幾十年所打造的複雜理論建築奠定了基礎。他再次徹底鑽研了黑格爾的哲學，研究法國社會學家聖西門、蒲魯東（Pierre-Joseph Proudhon）、傅立葉（François Marie Charles Fourier），飽覽當代最重要的歷史學家的許多作品，溫習某些經典的國家理論，探究亞當．斯密（Adam Smith）、詹姆斯．彌爾（James Mill）和大衛．李嘉圖（David Ricardo）等人的國民經濟學研究，藉以讓自己對政治經濟學研究的認識保持在最新狀態。換句話說，他以驚人的速度翻越了書本堆成的山嶺，設法從自己的角度將源自這些學科的知識洪流建構起來，並整合所有精心設計的假說，賦予它們無可辯駁的說服力。此為後話。

另一篇文章則是《論猶太人問題》（*Zur Judenfrage*），相較於第一篇，這篇在內容上便顯得無足輕重。基本上，它只是就布魯諾．鮑爾針對猶太人政治平權問題寫的幾篇散文所做的評論。不過，馬克思卻利用這篇文章公開地與曾令他在知識上獲益匪淺的前伙伴鮑爾決裂。這是馬克思日後經常表現出的一種行為模式。他不是屬於自身思想明顯承繼自先驅者準備工作的那種作者；他會富攻擊性地在與他人甚或從前的朋友和支持者劃清界線之下，發展自己的論點。

在這篇文章裡，馬克思特別醉心於描述猶太人或猶太文化的一些句子，對當時人來說，那些句子帶給人的感受可能會有點不同，而如今它們簡直就像災難。早在一年前他就曾主動地（不妨想想他們家族出過多少拉比）、帶著驚人的懺悔熱情向阿諾．盧格表示，自己有多麼「厭惡以色列的信仰」。[57] 在《論猶太人問題》一文裡，他則直截了當地把猶太人等同於資本家及資本主義經濟關係。「猶太教的世俗基礎是什麼？實際需求，自我利益。猶太人的世俗文化是什麼？討價還價的買賣。他們的世俗之神是什麼？金錢。」不僅如此，對於資本主義如今取得主導地位，馬克思雖然並非單單只將歸罪於猶太人，但也認為他們至少是應該負大部分責任的罪魁禍首。「猶太人以猶太方式解放了自己，並非只是藉由將金錢的力量據為己有，更是藉由透過或不透過他們，讓金錢成為影響世界的重要力量，讓務實的猶太精神變成基督教人民的務實精神。猶太人就在基督徒變成了猶太人中解放了自己。」

這一切看起來，就彷彿馬克思打算盡可能完整無缺地編製出一整套經典的反猶太怨恨目錄。他寫道，猶太文化是「一種普遍存在的反社會因素」。猶太人的宗教裡存在著「對理論、對藝術、對歷史、對做為自身目的的人的藐視」。對猶太人來說一切都是交易標的，就連「女人也被討價還價地賣出」。猶太文化無法獲致純理論的成就，因為它總是只關乎實際利益。它只是像隻寄生蟲從非猶太文化的發展中獲利。「猶太文化無法創造一個新世界；它只能把新世界的創造與世界關係拉進它的活動範圍，因為其思想、自私自利的實踐需求，是處於被動狀態；它不會任意擴張，而是會隨著社會條件的進一步發展而擴張。」[58]

馬克思在這篇文章中並未提到，相對於絕大多數生活困苦的猶太人，富有的猶太商人或銀行家占了多麼微小的比例。而且，儘管馬克思具有十分卓越的歷史知識，關於基督徒對猶太人所施加的就業限制，導致猶太人被迫去從事為人所鄙視的放貸工作，他也隻字未提。誠然，這種反猶太的偏見在十九世紀普遍存在，可說是當時歐洲中產階級的精神資產；在當時，發生猶太人大屠殺的一百年前，這樣的偏見顯得比今日較為無害，在我們明白它們所具有的大屠殺潛力後。然而，平時都會尖銳批判自己所處時代思考模式的馬克思，為何會毫無保留地接受這種粗鄙的陳腐思想呢？許多馬克思傳記作者都傾向於把這篇早期文章裡的敵視猶太人態度視為某種雖然尷尬、但根據時代精神卻是可理解的脫軌。不過，如果我們只是把它看成某個二十五歲的頭腦發熱者少不經事的罪過，就未免過於簡化了。從一八四五年的《神聖家族》（*Die heilige Familie*；這是他與恩格斯首部共同撰寫的作品），一直到一八六七年的《資本論》（*Das Kapital*），多年來他的作品裡存在著一整個由反猶太的冷嘲熱諷所交織成的網絡。舉例來說，像是「全德意志工人聯合會」（Allgemeiner Deutscher Arbeiterverein；簡稱：ADAV）的創辦人費迪南德．拉薩爾（Ferdinand Lassalle），馬克思就曾多次在給恩格斯的信中使用如「猶太棕」、「以色列的聰明人」或「猶太仔」等不太友善的綽號來稱呼他。當拉薩爾於一八六二年在倫敦拜訪他之後，馬克思不再侷限於那些充滿鄙視的綽號，而是變本加厲地稱他「猶太黑鬼拉薩爾」，甚至還進一步表示：「現在我完全明白，從他的頭部生成與毛髮生長可以證明，他是和摩西一起逃出埃及的那些黑人的後代（即便不是父方的母親或祖母曾與某個黑人交媾）。這種猶太人及日耳曼人與黑人基本成分的組合必然會形成某種特殊的產物。這傢伙的裝腔作勢也是如黑鬼一般。」[59] 從上述這段話看來，馬克思其實也喜歡偶爾在他的反猶主義中添加大量的種族主義，不過，即使是在十九世紀，這種混為一談的羞辱方式在德國也不算常見。他受到強烈的攻擊欲和毀謗欲所驅使，如果涉及到與敵人交手，他會毫無節制地動用各種低俗的老舊思想。他對侮辱對手或至少以言語屈辱對方的需求可說是無限上綱。特別是在寫給恩格斯的信中，有興趣的讀者甚至可以整理出一大套極具創意的辱罵語錄。

不過，有時我們也可將其歸因於極盡挑釁的表述所帶來的快感，正如我們至今為止在記者身上經常見到的那樣。這種對於激化、畫龍點睛、聳動標題的享受（雖然並非以印刷的方式，可能只是彼此口頭衝突）經常有欠考慮，它們往往會在戲謔中一路抵達惡意的邊線，甚至乾脆直接跨過它。馬克思似乎從未擺脫這種傾向。舉例來說，對於他的女婿保羅·拉法格，母親是古巴的克里奧爾人，他也曾經給過許多無禮的稱呼。不過，在一封寫給女兒燕妮的信裡，馬克思一方面因其出身很侮辱人地說他是「小黑人」、「大猩猩的後代」，一方面卻又未對拉法格表現出任何憤怒之意，甚至還異常善良地寫道：「老實說，我還蠻喜歡這個年輕人的。」60

對於辯論家與哲學家馬克思來說，在十九世紀四〇年代，或許沒有比巴黎更適合他的地方了。不過，馬克思夫婦（他們在一八四四年五月生下第一個孩子）在那裡卻開始了一段財務上嚴重失血的時光。為數不多的遺產在馬克思與燕妮婚後不久就全部敗光。阿諾·盧格原本答應要給的薪水從來就沒給完全，因為《德法年鑑》的創刊號在普魯士立刻就遭禁，鋪出去販售的雜誌全被沒收。出版商尤里烏斯·福祿貝爾認為這次的計畫完全失敗，他不能也不想再提供金援。由於盧格與馬克思找不到其他的金主，盧格只能用庫存的雜誌抵償應付的酬勞，這也導致了後來兩人反目成仇。

不過，就知性的角度來說，巴黎對於馬克思卻是個「黃金國」（El Dorado）。當時已名滿歐洲的作家海因里希・海涅是這個家的熟朋友，馬克思不但經常與他徹夜促膝暢談詩歌，更經常辯論政治問題。他還認識了俄國無政府主義者巴枯寧（Mikhail Alexandrovich Bakunin），後來成了他在爭奪國際勞工運動領導權最危險的對手。他也與作家赫維（Georg Herwegh）過從甚密，《一個活人的詩歌》（*Gedichte eines Lebendigen*, 1841）一書讓這位作家成為當時最著名的左派詩人。最重要的是，馬克思在巴黎奠定了與恩格斯的終生友誼與合作基礎。一八四四年夏天，恩格斯到巴黎拜訪了他十天，兩人相談甚歡，一拍即合，誠如恩格斯於事後所回憶的：「我們在所有理論的領域上完全意見一致」。[61]三年半後，他們之間的友誼已然十分鞏固；在這樣的情況下，他們共同撰寫了《共產主義宣言》。

在德國思想史上，除了歌德與席勒的友誼，就屬馬克思與恩格斯的友誼最為重要。不過，如果仔細觀察，這兩個性格截然不同的人，居然能在長達將近四十年的歲月裡始終保持合作無間，這點著實令人訝異。馬克思一輩子都在為至少維持住中產階級生活的樣子而奮鬥，恩格斯卻把那樣的生活方式視為某種束縛，試著擺脫它。馬克思的工作方式可說是既混亂又反覆無常；他之所以留下許多只完成了一半的手稿，而且，即使是某些他最重要的作品也只是斷簡殘篇，這點絕非偶然。相反地，恩格斯在寫作時會設定明確目標，也會在驚人的短時間內以結構清晰的文本達成那些目標。馬克思完全拙於處理金錢，恩格斯則是位成功的商人。

馬克思出身於一個開明的家庭，即使曾是個拖拖拉拉的學生，他在各方面還是得到了父親的支持甚至讚賞。相反地，恩格斯的父親則是來自巴爾門（Barmen）的工廠老闆，也是一位專制的家長；身為一位敬畏上帝、忠於國家的虔信派，他在虔信程度上不亞於他的國王——找到為他量身定作的王朝的腓特烈威廉四世。恩格斯的生平類似於十九世紀其他許多叛逆知識分子或藝術家。宗教、國家與家庭，或上帝、國王與父親，構成了壓迫他們的「三位一體」，他們會在極大的空虛下憑藉自己的作品去反抗它們。恩格斯的放縱生活同樣也符合這模式，他藉由略顯誇張地沉浸於女人、紅酒、派對或運動的行為，去回應父親枯燥的禁慾主義。

馬克思則比較複雜矛盾。他具有一個從多方面看來帶點強迫性的人格。如同許多科學家，他所想的主要都是一些抽象概念。簡單明瞭或生動活潑，對他來說一點也不重要。他如鋼鐵般遵循著自己理論的內在邏輯，不去問這會對他的人生帶來什麼後果。身為一個致力於社會問題的思想家，他的行為卻顯示出驚人的反社會傾向。除了與他關係最親近的家人和朋友外，他把其他所有人都視為累贅。相反地，恩格斯天生就善於交際，我們可以明顯察覺出他喜歡與他人來往。他在溝通方面的天分遠勝於在抽象思考方面的才華，他所寫的散文生動活潑、多采多姿，他可以毫不費力學會各種語言，無論是在受雇的記者、巴黎的流浪者、英國的商界或是在反普魯士的革命者中，他都能無入而不自得。我們有理由去問，如果這兩個人不在十九個年頭中分住在不同的城市，換言之，很長一段時間沒有日常生活往來，孤僻粗暴的馬克思與友善豁達的恩格斯，還能相處得如此融洽嗎？

無疑地，恩格斯從未與馬克思進行過嚴肅的競爭，這點對他們兩人的關係至為重要。恩格斯從一開始就扮演鼓勵者、崇拜者的角色，他總是以覆核的態度去領會主腦的思想，小心翼翼地提出批評意見，當中他從不去質疑馬克思的主導地位。他刻意扮演「第二提琴手」，「很高興能有像馬克思這樣一個偉大的首席提琴手」。[62]就這樣，恩格斯找到了他身為反抗上帝、國王與父親的反叛者所徹底拒絕的東西：某種權威，某種對他而言能夠成為穩定的、賦予意義的核心的權威；儘管如此，卻又能讓他繼續擁有身為反叛者的感覺。

相反地，馬克思是個典型的領頭羊，受燃燒的智識虛榮所驅使，無法接受別人與自己平起平坐。因此，當恩格斯的《英國工人階級的處境》（*Die Lage der arbeitenden Klasse in England*）一書出版後，無論評論家或讀者都給予高度肯定，他與恩格斯起初淵源尚淺的友誼還曾短暫陷入危機。雖然馬克思總在思索著某些大規模的寫作計畫，然而有很長一段時間，他卻只完成了一些零散的文章、次要作品或小冊子，完全拿不出什麼東西來和恩格斯的書相抗衡。於是，他不假思索地就從布魯塞爾向科隆的朋友們抱怨恩格斯輕浮的生活方式，與低下的精神素質。[63]

然而，直到他們在一八六三年發生一場短暫而劇烈的爭吵前，這可說是在多年間他們唯一一場明顯的衝突。在一封忍住傷痛所寫下的信裡，恩格斯告知他的朋友自己才剛滿四十一歲的伴侶瑪麗・伯恩斯（Mary Burns）猝死的消息。馬克思在回信中表示，自己感到「驚訝且沮喪」，他居然只用了唯一一個非常普通的句子來表達自己對死者的哀悼，隨即便回歸他與恩格斯在通信中長期圍繞著的金援主題：「我也完全不曉得，自己該何去何從。我在F（法國）與D（德國）籌錢的試圖失敗了。」[64]恩格斯對這位朋友的冷血感到很憤怒，在接下來十一天的沉默中，他們兩者必定都看到了終極決裂的可能。然而，馬克思卻做了他平常根本不可能做的事，做了在恩格斯耳裡聽起來必然就像那位「首席提琴手」在自我貶抑的事。他並未請求原諒，而是自我批評：「寫那封信給你，是我不對，它一被寄出，我就感到懊悔。」[65]恩格斯隨即把握這個機會原諒了他，很高興自己「沒有連同瑪麗同時失去自己最老且最好的朋友」。[66]

馬克思從這段友誼中獲得的好處可說顯而易見。恩格斯以近乎無限的耐心支持他；若以今日的購買力來換算，他前前後後總共給了馬克思將近五十萬歐元。然而，恩格斯的援助絕非僅止於財務方面。馬克思是個多疑的人，經常會覺得自己遭人背叛。也因此，擁有一位忠實的伙伴，能和他在口頭或書信對話中檢驗自己的想法，這對馬克思來說更是重要。在這個角色上，恩格斯是不可或缺的。馬克思能跟他分享任何想法，從來不必擔心可能自曝其短。恩格斯成為他的戰友，與他攜手，他可以在各個政黨組織中大展拳腳，完全不必擔心在政治工作中並不罕見的背信棄義。恩格斯是個堅定的追隨者，這也使得馬克思能在那些不成功的歲月中不致輕易地就對自己和自己所做的事失去信心。

這種大致上未流於混濁的關係，在流亡知識分子中很是罕見。相反地，他們之中充斥著競爭、猜疑與陰謀。海因里希．海涅與路德維希．波爾內這對傳奇的仇敵就是一個例子，兩人都在巴黎為建立一個民主的德國而奮鬥，但同時卻又以至少同樣的力道相互抨擊。馬克思到處去說前伙伴盧格的壞話，盧格也不甘示弱地說他是個無情的自私者，試圖阻礙他將來在福祿貝爾的「文學專櫃」出版任何東西。海涅曾以一首諷刺詩嘲笑成功的赫維是隻「鐵百靈」[67]，他甚至還親自把這首詩交給對方。巴枯寧雖然覺得自己與馬克思「交情匪淺」，卻也說他是個「背信棄義、奸詐狡猾、愛慕虛榮的傢伙」，馬克思則還以顏色，說他是「多愁善感的空想家」。[68]

儘管，除了在短命的《萊茵報》發表的幾篇文章，還有流傳於市面上為數僅數百本的《德法年鑑》上發表的兩篇文章，馬克思還遠遠未曾表現出自己的寫作才能，但他在巴黎的政治流亡者圈子中卻以驚人的速度很快建立起聲譽。在與他人的對話或辯論中所展現的犀利與博學，必然讓他的才華在他人心中留下深刻的印象。

一八四四年時，一些最知名的政治流亡者齊聚於每兩週出刊的德文報紙《前進》（*Vorwärts*）的編輯室。負責領導編輯室的前舞台劇導演海因里希．伯恩斯坦（Heinrich Börnstein）曾語帶自豪地表示，他的報紙擁有包含「阿諾・盧格、卡爾・馬克思、海因里希・海涅、格奧爾格・赫維、巴枯寧、G・韋伯、Fr・恩格斯、艾維貝克（August Hermann Ewerbeck）與H・柏格斯（Heinrich Bürgers）」等人在內的堅強陣容，他接著說道：「如今回想起當時數週舉行一次的編輯會議我還是不勝歡喜。〔……〕我有幾個沒在使用的房間，最大的一間俄國人巴枯寧暫住其中，這代表他在那個大房間裡有張行軍床、一只皮箱和一個錫杯；那是他全部的家當。因為他是所有人當中最沒有需求的一個。在編輯會議時，會有十二到十四個人齊聚在那個房間，有些人會坐在行軍床或皮箱上，有些人則站著或走來走去，所有的人抽菸都抽得很兇，會議中大家會激動、興奮地相互辯論。開會時我們都不敢把窗戶打開，否則可能會引來一大堆好奇的群眾在窗下駐足圍觀，想看看窗裡的大呼小叫到底是出了什麼事情。也因此，房間裡很快就變得煙霧瀰漫，後來才到的人根本不曉得在場的有誰；到最後，裡頭的人甚至都看不清彼此。」

若流亡者們對德國政局的影響力越小，他們在面對家鄉的專制政府就會越無助，也因此，他們會更傾向於口頭的極端主義。提高語調拓展了強化思想的路。海因里希・伯恩斯坦曾寫道：「相對於純人文主義路線，社會主義與共產主義的路線以益發尖銳而粗暴的方式占了上風。盧格無法和社會主義者或共產主義者取得一致意見，馬克思以完全不講情面的方式猛烈批評盧格的作品，盧格與溫和派的人日益退卻，粗暴的激進主義贏得了領導權。」[69]

然而，這一小群流亡巴黎的德國人到底有多無助，到了一八四五年一月，他們總算領教到了。他們被普魯士警方的奸細給滲透，這些奸細勤快地收集各種充滿敵意的言論，進而匯報給柏林。那些報告驚動了柏林當局，要求普魯士的大使敦促法國政府驅逐左派思想宣傳者暨麻煩製造者馬克思。偏保守的自由派外長、同時也是實質首相的法蘭索瓦・基佐（François Guizot）一般不太有機會去幫忙像腓特烈・威廉四世這樣一位專制君王。然而，自從他的政策遭到法國社會主義者日益猛烈的攻擊後，他或許看到了一個殺雞儆猴的機會，於是下令禁止《前進》的三位創辦人及諸位編輯，還有早已呈休眠狀態的《德法年鑑》兩位編寫者阿諾・盧格與卡爾・馬克思繼續留在巴黎。

「當時的命令是：『卡爾・馬克思必須在二十四小時內離開巴黎。』」燕妮・馬克思在後來的回憶錄中寫道：「我則被寬限了較多時間。我可以利用這段時間變賣自己的家具及部分衣物。為了籌措旅費，那些東西不得已只能賤價賣出。」[70] 馬克思選擇了布魯塞爾做為新的棲身之處。與他同行的海因里希・柏格斯曾寫道，在乘坐馬車前往邊界的路上，馬克思始終一語不發，一副若有所思的樣子。在冷靜思考中，馬克思應該明白，在逗留巴黎的短短十六個月裡，自己的處境已多麼徹底地惡化。在《萊茵報》遭禁後，他還能大搖大擺地任意活動，而主管當局甚至還睜一隻眼閉一隻眼，願意延攬他擔任《普魯士國家報》（*Allgemeine Preußische Staatszeitung*）的編輯；這顯然是個帶有攏絡性質的延攬，藉以引誘那些飽學多聞、才華洋溢的批評者轉入自己的陣營。可是，之後由於創辦《德法年鑑》之故，他跟盧格都被發下了拘捕令；這時他們得小心，只要一踏上普魯士領土，就會立刻遭到逮捕。如今自己已身在海外，柏林執政當局居然還繼續迫害他，他在他們的目中已然是個重要的麻煩人物。簡言之：他惹到了一個正在瞄準他的強大敵人。

阿爾及爾IV：軟禁

用過早餐後，他立刻回到床上，想覓得昨夜未能尋得的好眠。熱心的莫里斯．卡斯泰拉昨日幫他在背部重新換了綠色濕敷藥膏，並將藥物封好。完全遵照史蒂芬醫生的指示。幾個小時後就開始有灼熱與搔癢感，他完全不敢指望夜裡能有一時半刻好眠。他試著盡可能平靜地躺著，回想過去的美好時光。直到清晨，那些不舒服的感覺依舊不放過他。

早上八點左右，卡斯泰拉先生來到他的床邊，發現許多在夜裡形成的膿皰已經破裂；儘管將藥膏封住了，但法蘭絨的床單上還是被弄出許多潮濕的大斑點。他弄掉舊的皮膚，在上頭敷上繃帶，一方面藉以保護敏感的新皮膚，一方面藉此接住在早餐時可能滲出的液體。

窗外下起了一陣令人討厭的雨，它單調的噪音偶爾會向房子吹來，然後被同樣令人討厭的狂風呻吟聲蓋過去。羅莎莉女士試著為餐廳供暖，但未能成功；旅店的壁爐顯然只是裝飾用，無法真正點火。

這趟旅行看起來是越來越失敗了。他費盡千辛萬苦，跑來據稱是比較溫暖的另一個大陸，如今卻得待在床上才能抵抗嚴寒。有時他一連數個小時都沒有下床，躺在床上寫信給他的女兒或恩格斯。不過，當他把自己的信或卡片重新讀過一遍，卻又會羞於將它們寄出。他整個人精神渙散、神思恍惚、心不在焉。含砷的藥物讓他頭暈目眩。在寫信時，他往往會從一個語言跌入另一個語言，剛開始用德文，腦袋裡冒出了什麼英文或法文短語，他就會隨興地用上，有時整段話索性就停留在某個其他的語言。他在完全迷失了自己想要如何說些什麼，難以將句子做個結束。有時少了單詞，有時則是少了字母。給女兒的信如果寫得不好，他會盡可能把它們撕碎，他不想讓女兒擔心。然而，寫給恩格斯的信卻往往慘不忍睹，因為他對他是百無禁忌。

該寫些什麼呢？至今，他幾乎都未曾好好瞧過阿爾及爾一眼，他對這個城市的印象頂多就只有從旅店長廊上見到的風光。就講這裡的天氣有多濕、多陰鬱、風有多大，或是講他的身體狀況、風寒、咳嗽，講史蒂芬醫生的檢查、治療和他開的藥方好了。但誰想讀這些呢？他很清楚，光是圍繞在這些主題上打轉，既不能讓女兒、也不能讓恩格斯安心。

在這種情況下，他十分感謝所有能讓他講述的小事。舉例來說，前不久長廊上傳來了吸引他的聲響，他在下方旅店的花園裡發現了一個跳著舞的黑人。那個黑人一邊拉著小提琴，敲著長長的鐵響板，一邊還帶著誇張笑容以最古怪的方式扭曲而行。這是多麼奇特的景象，他立即決定，要把這個怪人寫進下一封寄給女兒燕妮的信，好讓她把這件小事當成外公的問候，讀給自己的小孩聽。不過，更奇怪的是，在那個黑人身後幾公尺處出現了一個摩爾人，他擺著無與倫比的高貴姿態，巧妙地用毛織披肩包覆住自己的肩膀與身體；他始終盯著那位舞者，直到他突然用大聲叫賣起「橘子」與「雞」。奇怪的商號。接著又有一隻孔雀昂首闊步地從兩個男人中間穿過。這是什麼樣的三重奏！咧嘴大笑的黑人音樂家，帶著裝飾精美的羽尾、閃耀著藍綠光芒的孔雀，把披肩穿得像托加長袍（toga）般優雅的摩爾人。要是外孫們全在這兒，看到花園裡那麼特殊的組合，他們會笑得多麼開心啊！

阿爾及爾肯定有許多這類在他看來稀奇古怪的事。但他是個疾病的囚犯，必須保重自己，暫時無法離開這間旅店。史蒂芬醫生在這一點上毫不留情，態度堅決地對他實施了「軟禁」。因此，他暫時只能儘量讓自己免受風寒，無聊時寫些言之無物的信，另外就是讓自己的思緒沉浸在美好的過往。

布魯塞爾與理論

布魯塞爾執政當局對他表示高度的不信任。在以書面保證「自己絕對不會在比利時批評時政」[72]後，馬克思才被允許留在這個城市。在他這般處境下，某些人或許會利用這個機會退回所謂的「內心流亡」（Innere Emigration）。更何況，他在私生活的一些新變化讓他變得更脆弱，不太適合當個革命者。妻子燕妮在跟著他從巴黎遷往布魯塞爾時再度有孕。一八四五年九月二十六日，次女蘿拉出世。一年半後兒子艾德嘉（Edgar Marx）跟著出世。這讓日常家務急遽增加，但馬克思不善於應付；至於他的妻子，一方面因為在短時間內連續懷孕身體變得虛弱，一方面因為她是貴族家庭出身，從來也沒親手做過什麼家事，只會指使僕人來料理家務，因此在一八四六年時，她的母親卡洛琳・馮・西伐利亞（Caroline von Westphalen）從特里爾派遣當年二十五歲的女傭海倫娜・德慕特（Helena Demuth）前去幫她；從那時起一直到她過世，海倫娜・德慕特就一直細心照顧著他們一家人的生活起居，毫無保留地參與了馬克思多舛的家庭生活。

在身為父親的責任急遽增加的同時，馬克思的收入卻是快速萎縮。燕妮和他把首飾及所有其他貴重物品，最後連床單、被單等都拿去典當；儘管如此，到了一八四六年五月，他們還是不得不騰空自己的房屋，搬到附家具的便宜套房。由於馬克思考慮到普魯士遲早會要求比利時當局將他引渡，於是他放棄了普魯士國籍，從那時起成為一個無國籍的人。儘管如此，這一切卻沒有阻礙他繼續在布魯塞爾的幾間圖書館裡縱情地進行研究，也沒有阻礙他繼續追求自己的政治目標。他身邊聚集了一些追隨者，一個由死忠擁護者所組成的團隊，其中包括恩格斯、在普魯士坐了將近五年牢的威廉・沃爾夫（Wilhelm Wolff）、格奧爾格・維爾特（Georg Weerth）和摩西・赫斯；馬克思與他們在實際的黨務工作上共同做了初步的嘗試。他也期待可能的盟友與戰友到來。一八四五年夏天，他與恩格斯結伴前往英國六個星期，在那裡拜會了「正義者同盟」（Bund der Gerechten）。「正義者同盟」是個由數百名德國工人與工匠共同組成的祕密會社。他們大多是為了逃避普魯士的專制統治而流亡海外，支持著某些模糊不清的社會主義觀念。在巴黎與其他城市，「正義者同盟」與其他類似團體相互結盟，這也為它添上了國際色彩。然而，這個組織卻瀰漫著某種古怪的、社團官僚主義的精神。倫敦的三位主席把自己視為「中央」，把其他城市裡的次級團體稱為「鄉鎮」，它們分別受「專區」所管轄。馬克思與恩格斯被要求建立一個布魯塞爾的「鄉鎮」，他們也確實在後來的兩年中爭取到了數十名工人加入。

只不過，馬克思與「正義者同盟」的主要煽動者裁縫師威廉·魏特林（Wilhelm Weitling）鬧翻了。魏特林雖有過人的演說才華，但他對未來的社會秩序卻只有模糊不清的概念。憑藉由基督徒的告解與早期共產主義信念所構成的某種特殊混合，魏特林特別能夠鼓動聽眾的情緒；這也是嚴厲拒斥政治中任何多愁善感的馬克思所憎惡的。這場以將魏特林逐出「正義者同盟」作收的衝突，所牽涉的不單單只是思想內容上的差異，還牽涉到私人恩怨。頂多只能算是個平庸演說家的馬克思，很難忍受身邊存在著比自己更有才華的人。不過，他那結構清晰的政治理念，那看透重要歷史發展機制的自信，卻散發出了「正義者同盟」幾位領導人顯然無法抵禦的魅力。到了一八四七年，他們同意組織更名為「共產主義者同盟」（Bund der Kommunisten），並委託馬克思擬定一個基本綱領，一份《共產主義宣言》。

摩西·赫斯與恩格斯早已擬出了草稿，他們的草稿是仿效馬丁·路德（Martin Luther）的《基督信仰小問答》（*Der Kleine Katechismus*），以問答的形式表達出一項政治原則聲明。馬克思主要是參照了恩格斯的草稿，但他卻反對宗教問答手冊的宗教形式。至今為止，他仍是個幾乎沒有作品的作者。然而，隨著《共產主義宣言》的完成，他卻在短短數週之內交出了自己在寫作方面的傑作，表達精確、清晰，文句簡單、易記，不會流於枯燥與專業，嚴正且富有說服力地表達了對於當時的社會不公所燃起的憤怒。世上只有極少數的政治基本綱領文本，能在激進的見解、簡明的論證及完美的修辭上，同時達到像《共產主義宣言》那般的高水準。

從文學的角度來看，《共產主義宣言》也一樣出色。它起初並未發揮什麼影響力。一八四八年二月，它以匿名方式用德文在倫敦刊行，然而在那個發生許多大事的革命之年裡，它卻幾乎完全不被世人所注意。一直到一八五〇年舊政府重新站穩腳跟後，一個非法的版本才在科隆出版，另有個第一段的英文譯本則發表在某份雜誌上。然而，得要等到四分之一個世紀之後，從一八七二年起更頻繁地被重印與翻譯，《共產主義宣言》才總算開始有了值得一提的廣泛影響力。儘管此時，如馬克思與恩格斯所表示「依然適逢其時」，但它的某些部分其實已經「過時〔……〕，因為政治環境已完全改變」。[73]

雖然馬克思在短短兩個月內就完成這份宣言，但「正義者同盟」的倫敦領導人這段期間卻是一刻也等不了，甚至還對他發出警告：「『中央』在此委託布魯塞爾『鄉鎮』通知馬克思弟兄，如果他無法在這個星期二，也就是今年的二月一日，將他在上次大會中被委託撰寫的共產主義宣言交到倫敦，我們將對他採取進一步的處置。萬一馬克思弟兄無法完成宣言，中央將要求他立即繳回大會所交付的文件。」[74]從這封信的內容中，我們不難嗅出某種斤斤計較、相互猜疑的氛圍；這位政治流亡者早在巴黎就曾被這樣的氛圍所毒害。那種高高在上的態度，完全重現了過去馬克思在《萊茵報》上經常抨擊的普魯士專制官僚姿態：它完全不讓人民有機會表現批判意識，或爭取話語權的渴望。

一八四六年年初，馬克思與恩格斯另外成立了一個「共產黨通訊委員會」（Kommunistisches Korrespondenz-Komitee），意欲聯合歐洲所有從事革命運動的無產階級團體。委員會就設在布魯塞爾，一方面承諾會從那裡將共產黨理論與政治經濟的相關資訊發送至各地，另一方面則希望各地團體也能將一切相關的動態資訊回報給該會。不過，在三月舉行的第一次會議上，馬克思與恩格斯嚴厲批評了卡爾·格林（Karl Grün），他是傾向蒲魯東的所謂「真正的社會主義」的代言人之一；於是，不僅他的追隨者，就連摩西·赫斯也都遠離了馬克思。儘管恩格斯與其他關係緊密的盟友在巴黎、科隆與基爾（Kiel）等地成立了辦公室，但這個委員會卻從未能發展成一個生氣勃勃的網絡。

對於馬克思及其嚴苛的態度，可說是見仁見智；有忠心耿耿的支持者，也有勢不兩立的仇敵。馬克思沒什麼外交才華，也不太懂得妥協。除了自己的家人與恩格斯以外，他從未顯露出更深的情感。他對一個人道、正義的社會所抱持的責任感，是理性而非感性的。他只專注於自己的人生主題，除此以外他的人性展現其實十分狹隘。一旦朋友或長年相伴而行的同路人在政治理念上與他發生分歧，或更準確地來說，不遵從他的政治路線，他會毫不遲疑與他們決裂。要不就令人佩服得五體投地，要不就被人咒罵得一文不值；在同時代人對他所做的描述中，我們都能察覺到這兩點，人們讚揚他或詆毀他、榮耀他或貶抑他。

沒什麼動機去立場鮮明地支持或反對馬克思的俄國地主暨文學評論家帕威爾・阿聶恩可夫（Pavel Annenkov），他曾在一八四六年一場漫遊歐洲的旅行中多次於布魯塞爾與馬克思會面。未曾涉入政治壕溝戰的阿聶恩可夫，對這位青年革命家所做的性格描述，比起大多數人所做的或許可信度更高。阿聶恩可夫回憶道，馬克思表現出了一種「由活力、意志力與不屈不撓的信念所構成的類型，一種就連在外觀上也高度引人注目的類型。頭上頂著一頭濃密的黑色鬃毛，手上滿是毛髮，上衣鈕釦扣得歪七扭八；儘管如此，他卻長著一副有權利且有權力要求獲得敬重的男性的外觀，即便外表與行為看起來簡直怪得可以。他的動作雖笨拙，卻也大膽而自信；他的行為舉止完全違背了所有社會禮節。但那些行為舉止卻是帶著驕傲、帶著一點鄙夷的微笑。他那鏗鏘有力的聲音，與他對人事物所做的激進判斷，令人訝異地協調。他所說的，無非就是一些不容任何矛盾的斷言；順道說一句，透過一種他所說的一切都為其所滲透、令人痛苦的刺耳語調，那些斷言變得更尖銳。這項特點表現出了他對自身使命所抱持的堅定信念，那就是：控制人心，將己身意志強加予他們，帶領他們走他自己想走的路。在我面前出現的，是民主獨裁者的化身，誠如它想要浮現在幻想面前。」75

馬克思（根據帕威爾．阿聶恩可夫所述）早在布魯塞爾就已致力實現的使命，其實並不容易描繪。馬克思從未連貫表述過自己的思想基礎，也就是唯物辯證法與歷史唯物主義的基礎。黑格爾的歷史哲學只想在所有物質的事件中觀察觀念的實體表現方式與某種普遍精神的內在衝突，在如今的我們看來，這簡直怪異到不可思議。相反地，馬克思的思想強烈地滲透到現代人的心靈，如今它們看起來就像是理所當然的事，我們很難看出它們在他那個時代裡，代表了什麼樣對世界的理解的徹底重新定位。儘管如此，馬克思的社會與歷史理論卻是立足於黑格爾的系統思維，同樣提供了一個全面的、統一的精神秩序，在失去了宗教的確定性後，人們非常痛苦地惦念著這樣一個秩序；就連馬克思自己也不例外，誠如他的《人類生命》一詩所表明的那樣。

馬克思不把自己視為哲學家，而是革命者。他的思想核心是政治實踐的結果，不是永恆的真理。他深信自己的歷史與社會理論的科學正確性，換言之是可靠且不容爭議的。但這並不妨礙他基於當前政治因素而暫時脫離這套基本綱領，倘若這麼做能讓他獲得一些戰術上的優勢。他的許多文章和書籍，誠如歷史學家沃爾夫岡．席德（Wolfgang Schieder）所述，不能被看成是「有系統的論文」，而應被看成是「取決於時事的論戰文章」。[76] 因此，馬克思在不同時點上對自己的理論有不同詮釋，這實在沒什麼好大驚小怪。就同樣的題目或概念，人們可以在他身上找到一條寬得嚇人的立場光譜；對於評論者來說，為這個光譜上每個不同的位置找出適合的引文，是個極大的挑戰。令人精疲力竭的爭論都源自於這個問題：他的某些陳述是否真的只是出於戰術考量，又或者，它們其實是牽涉到了基本綱領的創造性開展？相關的爭論恐怕很難得出各方信服的公認結果。

有別於黑格爾在世界精神往更高的理性發展中尋覓人類歷史的運動法則，馬克思卻是在一個扎扎實實的物質成就中找尋它，也就是「經濟」。但他堅信，歷史的動力就顯現在無情的辯證衝突中——並非帶點抽象的命題與反命題之間的衝突，而是指社會團體（如同聖西門，他將其稱為「階級」〔Klasse〕）對立的利益之間的衝突。這種永久的衝突（在上古社會存在於奴隸主與奴隸之間，在封建社會存在於貴族與農奴之間，在資產階級社會則是存在於資本家與無產者之間）在他看來，就是歷史發展的關鍵因素。一個時代的其餘特徵，無論是文化的、宗教的、法制的還是政治的特質，最終都得歸因於階級對立。這個上層結構無可避免地取決於那些保障生存的物質條件的生產關係，也取決於各統治階級的利益，他們會運用一切手段去確保與證明自己的權力。人類的思想是受下層結構（經濟基礎）所形塑的。

只不過，馬克思實在是太聰明了，所以他並未將這樣的思想絕對化。他沒有忽視，即使上層結構取決於經濟結構，但上層結構還是形成了諸多堅實的社會機構，換言之，教會、大學、政府機關、司法機關，它們也會對下層結構發揮調節性的影響；在馬克思看來，它們會擔負起讓這個基礎合法化、並保護它免受批評者攻擊的任務。就下層結構與上層結構之間、存在與意識之間的交互作用等方面來說，這也是他被奉為現代社會學創始人的原因之一。只不過，他本人從未深入分析這些交互作用的細節，他讓他理論的這個部分繼續放牛吃草。

馬克思深信，社會發展的決定性力量遵循著在很大程度上擺脫人類影響的客觀因素。歷史過程受到有如自然法則般的經濟必然性所推進。也因此，有別於與他同時代的許多社會主義或共產主義思想家，他幾乎未曾針對道德良知、人性或善意等做出情感訴求。

在《政治經濟學批判》（*Zur Kritik der Politischen Ökonomie*）的前言中，馬克思表示：「在人類生活的社會生產中，人類會走入特定的、必然的、獨立於他們的意志的關係裡，走入相應於他們物質生產力的某個發展階段的生產關係。這些生產關係的整體構成了社會的經濟結構，真實的基礎；在這上頭會矗立起法律與政治的上層結構，它會與特定的社會意識形態相應。物質生活的生產方式決定了整個社會、政治與精神的生活過程。並非人類的意識決定了他們的存在，相反地，是他們的社會存在決定了他們的意識。」[77]

一旦生產關係發生某種根本變化，就會產生出一股連上層結構也會受影響的、越來越大的社會變革壓力。在這裡，所有權關係扮演了核心要角。舉例來說，一個獨立自主的工匠擁有自己的工具，也就是「生產手段」（Produktionsmittel），他可以為自身利益計販售自己的勞動成果。然而，隨著技術創新、工業化生產，同類產品被以更低廉的價格來提供，工匠的產品不再有競爭力，他也失去了自己的生存基礎。如果他改去某個相應的工廠當工人，隸屬於某個工廠主或投資者，他將對生產手段沒有影響力、也對完成的產品沒有影響力。他將淪為一件任人支配的工具。如此一來不僅他的勞動，就連他的人性也都會異化。這種對企業主的完全依賴，會招致一連串物質的、社會的、金融的、政治的後果。當整個人口階層共享這樣的命運時，社會秩序就會展開一場帶有革命與暴力意味的轉變。對馬克思及和他同時代的人來說，法國大革命就是一場近在眼前、快如閃電且充滿暴力的劇變。幾乎在一夜之間，一個封建政府被一個中產階級政府所取代，從而一個主要是軍事的效能獲得解放；在它面前，半個歐洲的舊王朝猶如紙牌屋般應聲而倒。

這場資產階級革命，伴隨著資本主義工業化的生產形式，同時帶來了巨大的財富和巨大的苦難。根據資本主義市場冷酷無情的競爭原則，唯有能以最優惠的價格提供貨物的製造商才能成功存續。為了在競爭中存活，製造商就必須降低支付給工人的薪資成本。透過這樣的方式，在資本主義的生產條件下，一方面形成了一支由無產者所組成、規模日益膨脹的大軍，這些無產者們只能在最悲慘的條件下憑藉自己的勞動勉強維持住生存。另一方面，也形成了一個由存活下來的製造商與投資者所組成、規模越來越小的團體，這些人憑藉自己的成功而累積了難以想像的龐大資產。由於無產者的人數越來越多，他們雖然生產了商品，卻無法負擔那些商品，換言之，當不起消費者；這將導致週期性的過度生產危機。在這些危機中，巨大的資產價值將被毀滅。馬克思在這樣的危機中見到了即將到來的無產階級革命先兆。在這場革命裡，一個大到難以忽視的、貧困的勞工階級，將起而反抗縮得很小的資本家階級，以及種種資本主義的生產條件，藉以建立一個在生產手段上沒有私人所有權的、全新的集體經濟體系。

在如今已成諺語的所謂「曼徹斯特資本主義」裡，馬克思在十九世紀中葉見到的，是一個充分證實他那黑暗的評述與結論的經濟模式。像蒸氣機的使用，就對包括紡織業在內的種種生產方式造成了根本改變。機械化的紡織機取代了手工的織工；在某些紡織工廠的集中地，例如曼徹斯特，工廠裡的工作條件確實十分恐怖，工資更是低到僅能餬口。沒有週休或假期，每天必須工作十六小時，這樣的苦難不言可喻；即使是最簡單的家庭或社會關係，也因疾病、酗酒、暴力、犯罪、賣淫而被破壞。當馬克思將工人描述成是異化的、去人性化的、他們所操作的機器的附屬物，被當成畜生對待，為了企業主的獲利鞠躬盡瘁、死而後已，那時他所想的正是這種狀態。

基於兩個理由，馬克思不認為能透過改革來改善這樣的情況。其一，在他看來，資產階級不可能接受有利於勞工的道德論證。因為這樣的論證是上層結構的一部分，而上層結構畢竟是由資本主義的生產關係所形塑出來的。因此，在資產者的意識中，道德的份量絕不會大到他們自願為下層結構構築一個全新的秩序。其二，那些願意在自己企業提供更人道的工作條件與更高工資的資本家，在與那些肆無忌憚剝削勞工的競爭者競爭中必然會落敗，早晚會從市場上消失。

因此馬克思認為，歷史發展的下一步會是無產階級革命。無產者無可避免地必須站出來共赴這場反資產階級的決戰，否則就再無生存的機會。早在過去，為反抗當時的掌權者，無產者就曾與其他階級爭取解放，攜手奮鬥過。然而在勝利之後，那些把所有權力整碗捧走的其他同盟階級，卻是一次又一次地奪走無產者的成果。永遠的階級對抗，唯有在最低的階級，或更準確地來說，在最被貶抑的階級取得勝利後才會結束。在這場勝利下，所有的階級差異都會被掃除，一個沒有階級的社會將會誕生。伴隨著這場凱旋，數千年來一直被禁錮在自我異化與自我毀滅的人類，將終結這段史前史。一個真正人道且公正的社會，終於能展開它的歷史。是以，無產者並非只是為了自己的利益而戰，他們其實是為了全人類的利益而戰。

對於馬克思理論的這個部分，從資本主義現狀分析到即將到來的社會形態之預測，人們始終爭論不休。其中不只是因為，馬克思在這點上從來沒有具體地好好表述過。根據他的想法，可預期的革命首先會導致無產階級掌權，無產階級會把一切生產手段做為社會財產納入所有，以這樣的方式消除階級矛盾的基礎。在他眼裡，至少在一個過渡階段裡，這就等同於完全接收國家及其機構的所有統治權。馬克思並不是個想消滅國家的無政府主義者。不過，隨著階級對立消失，主要任務在於保護有產者免受無產者侵害的國家失去了它的強迫角色，而最終讓位給一個自由的、共產的社會，這個社會將為每個人創造可發揮的空間，「今天做這個，明天做那個，後天去打獵，大後天去捕魚，晚上趕牲畜，吃完飯後就高談闊論，〔……〕從不固定成為一個獵人、漁夫、牧羊人或評論者」。[78]

儘管這些句子寫得如癡如醉，我們最好還是別把馬克思的共產主義社會願景做一些過於天堂般的想像。因為，在使用例如「自由」之類的詞彙時，他是依循黑格爾的詞語；黑格爾所說的自由指的是洞悉必然性，也就是明瞭與接受社會生活無可避免的種種要求。未來社會的「自由」，如馬克思所認為的，存在於它的公民完全順應歷史的規律性而活，且心甘情願地擔負起所有客觀必要的工作及義務。《共產主義宣言》中有句論及這個未來社會的名言這麼說：「在存在著階級與階級矛盾的舊資產階級社會的位置上，將會有一個聯合體取而代之，在那當中，每個人的自由發展就是所有人的自由發展的條件。」[79]如果我們以黑格爾對「自由」這個詞彙的解讀為前提，這句話聽起來就沒有那麼閃亮了。

根據馬克思的信念，資本主義的崩潰雖然勢不可擋，但也絕非某種盲目的機制。如果我們不帶偏見地去觀察歷史，歷史在所有的時代其實都是一種斷斷續續的過程，它會突然的斷裂、會倒退、也會有停滯。因此共產主義者不能兩手叉著空等一場自發的無產階級革命席捲資產階級社會。相反地，他們身上有著重要任務，必須為被剝削的廣大勞工闡述馬克思發現的那些客觀歷史法則，必須仔細分析當前的政治局勢，尤其是階級間的力量對比，最後更必須在適當的歷史時刻領導沸騰的革命，促成舊秩序的瓦解與新秩序的建立。

最遲到了這裡，馬克思的論證露出了破綻。我們實在看不出來，為何從上古時期一直到法國大革命僅由經濟發展所推動的歷史過程，如今卻需要由受過歷史唯物主義訓練的先鋒領導，才能完成無可避免的共產主義結局。馬克思思想中的這項矛盾，並不只是無關緊要的小事。一方面，他以嚴格的「唯物主義」方式，將歷史發展描述成一系列不可影響的經濟過程；但另一方面，他卻以「唯心主義」的方式，強調憑藉嚴格的組織贏得影響歷史進程的權力的可能性。

此外我們並不清楚，馬克思是否認為他的基本論點——階級鬥爭是歷史的核心動力要素——能藉由可靠的、經驗可檢驗的資料來證明，又或者這個論點其實只是他對歷史過程的主觀詮釋。他那由持續的社會分裂與增長的異化所形塑的歷史觀，究竟是基於敏銳的分析、還是一種巧妙的修辭?從今日眼光來看,人們肯定會比馬克思更加看重可能、但並非必然影響歷史過程的那些偶然因素。歷史是個極其複雜的過程,有近乎無限多的社會、個人、氣候、文化或其他因素會對它造成影響,各式各樣的因素會不斷變化、不斷相互影響,其發展不能單單只歸因於經濟的規律性。

馬克思的同時代批評者並未在這些論證上久留。光是他唯我獨尊的領導野心以及他理論的自成一格,就讓馬克思與其他社會主義類型的代言人產生嚴重衝突。其中兩位或許至今仍為人所關注。一是從一八六〇年中期起成為馬克思重要對手之一的巴枯寧。巴枯寧特別反對馬克思所主張的,在一場成功的革命後,至少在一段過渡時期,無產階級必須接掌整個國家權力。在巴枯寧眼裡,國家做為壓迫個人的機器,與資本主義的經濟結構一樣危險。他抨擊官僚、軍事或宗教等各種形式的權力行使,支持無條件的個人自由。每個人都應該有權根據自由決定與他人結合成自治的共同體。他表示:「革命專政與國家政權間的差異只在外表。事實上,它們兩者代表同樣的東西:少數人以智者之名去管理被冠以愚者之名的多數人。因此,它們兩者一樣反動;做為直接且必要的結果,它們都在政治與經濟上確保位居統治地位的人能享有特權,也在政治與經濟上將廣大的人民奴隸化。」[80]

誠然,巴枯寧這種極端個人自由的思想惹來大量的批評。它能在多大的程度上做為現代社會模式的基礎?又或者,是否其中有些已在西方自由國家的替代經濟中實現?這些問題都可以詳細討論。不過，他所提出的警告——無產階級專政絕對不會只暫時出現在過渡時期，而是必然會形成一個全能的、集權的、軍事化的國家——觀諸二十世紀實際發生的社會主義歷史，我們實在不得不佩服他的真知灼見。

同樣的情況也適用於摩西．赫斯早期對馬克思的輕率所做的批評；馬克思把自己對未來的想法瞄準在策動一場全球性的革命。赫斯質疑，一場只會讓參與者變得嗜血、而不會促進和平合作的階級決戰，會帶來哪些創傷性的後果。為何從社會徹底傾覆後留下的殘堆瓦礫中，就會產生受過良好教育、傾向集體合作、寬容的共產主義新人類呢？因此在他看來，盡可能阻止革命，利用非暴力手段——換言之，透過談判或罷工——去減少或消除社會的不平等，才是工人領袖的任務。他寫道：正義可以「透過和平的調解與暴力的鬥爭獲得。然而，一個明確以人道為目標的人，不可能會想走後面這條路，他不可能希望在盲目的鬥爭中獲致平衡。」[81]

不過，赫斯對馬克思的批評卻未能前後一貫。有時他不同意馬克思的立場，有時卻又熱烈歡迎即將到來的革命鬥爭；其中的原因可能也出在他平常與馬克思打交道的情況。赫斯夫婦在布魯塞爾時，有段時間就住在馬克思家隔壁。不過，人們有權問，馬克思的歷史理論所推導出的無產階級革命，能否有利於馬克思所說的那些社會目標呢？西方工業國家在上個世紀所給出的答案，相較於馬克思的革命觀，其實更接近於赫斯那種改革的、盡力調和利益的主張。

阿爾及爾V：公園裡的宮殿

從新掘墳墓的墓園望去，越過一些棕櫚樹和高大樹木，他看到了大海。墓園位在向下一段斜坡的階地上。下頭海灣在城市前鋪展開來，昏暗的天空下，海水灰濛濛的一片。前往此處的路漫長而曲折，讓他精疲力竭，他感覺到心臟與呼吸的快速節奏。墓園裡只有寥寥幾座墳墓，而且看起來都不太舊。穆斯塔法區數年前才為當地的基督徒設置了這個墓園。穆斯林的墓園在較低處。他以緩慢的腳步走過它。

儘管吹著寒風，他卻流著汗。他將自己的大衣往胸口拉緊。阿蒙·馬格納迪爾，那個臉色蒼白的年輕人，在久病未見好轉中已然過世。史蒂芬醫生未能幫助他，肺癆也沒給他任何機會。馬格納迪爾的死讓維多利亞旅店的客人們大吃一驚。旅館老闆娘愛麗絲女士致電阿蒙·馬格納迪爾的母親，以及他在巴黎任職的銀行。銀行那邊出乎意料地慷慨，不僅支付他待在阿爾及爾期間的薪資，還願意負擔將遺體運回巴黎的費用。不過他的母親卻婉拒了銀行的好意，於是馬格納迪爾被安葬在穆斯塔法新的基督教墓園。墳墓旁堆了許多被挖出的土，它們既非黑色也不鬆軟，呈現紅灰色，裡頭還滿是小石塊，它們成塊地落在棺材上面。

燕妮去年十二月被葬在倫敦時，他並未到場。當時的他無法下床，加上唐金醫生一直勸阻，最後他才勉強讓步。從那時起，他內心深處的某個角落就一直有種錯過了什麼的感覺，有種太輕易把燕妮交出去的感覺。正因如此，當愛麗絲女士及其他客人決定要去墓園送馬格納迪爾最後一程時，他毫不猶豫地加入他們。他挺過了那次咳血，此後就一直待在旅館裡。要爬上爬下走那麼遠的路，肯定不是個理智的決定，史蒂芬醫生勸他還是別為難自己。但他總也得要找個時間重新開始散步才行。

即使是陰天，海灣的景色還是那麼美麗。墓園是要給生者慰藉，而非死者。在這個墓園裡，零星幾座墳墓顯得孤獨，近乎失落。大海當然無法真正安慰任何人；儘管如此，在某些片刻，它倒也是受歡迎的轉移注意力的對象。

當再次回到旅店時，他感到疲憊，十分疲憊。入口旁有封信放在桌上。自從他在一封信裡盡可能實實在在地（他不想讓任何人不安）描述了那幾天他從肺裡咳出血的事情，大家都很激動地紛紛寫信過來。蘿拉和愛琳娜對於讓他獨自一人前往阿爾及爾感到自責，愛琳娜甚至還曾與恩格斯商量過，她是否也該前來阿爾及爾陪他。不過恩格斯最終還是勸她打消這個念頭，畢竟在這段期間裡，她父親的病情已略見好轉。

蘿拉在信中提到，她在倫敦那邊的天氣是如何持續的溫暖。在一月裡，除了他在懷特島上逗留的那幾天陰雨綿綿，還有啟程前往阿爾及爾前的天氣不太好，開年以來其實只有少數幾個日子是壞天氣。他顯然一路被罕見的天氣厄運所尾隨，即使到了人稱溫暖的非洲，居然還得經受數週的淒風苦雨，每當他前腳剛踏出某個地方，後腳太陽隨即就到那個地方露臉。

甚至就連保羅．拉法格，蘿拉的丈夫，也寄了一封信給他。只不過，信中所寫的都是些瑣碎的問題，顯然只是對他的事情有所耳聞，而且恐怕至少有一半都是自己的猜想。因此他不得不在回信中陳述一堆枯燥乏味的近況，並費點功夫糾正與應付一下這位女婿弄錯或不懂的事情。他為何要問「上穆斯塔法」這個地名的含意呢？難道沒有更重要的事情嗎？這傢伙怎麼會自以為是的認為，他會「啃下所有在阿爾及爾販售的法文報紙」？不，他告訴他，自己只讀一份名為《小殖民》（*Petit Colon*）的阿爾及利亞報紙，其他的都不讀。接著則是他不得不忍受的「碘包覆物」的問題。同樣也是錯的，虧拉法格還是個醫生。不是碘，他向他解釋，而是在他的胸部與背部刷上斑蝥膠棉；此外，由於頻繁進行治療，他的整個上半身目前再也找不到一處乾的地方，能在接下來幾天重複進行治療。最多餘的是，這傢伙居然表示，自己在信中附了一個邀請函，「你會笑它」，但他顯然忘記將它裝進信封了。怎麼有這麼奇怪的呆瓜！

女兒燕妮在這個家庭裡算是最理性的一個。她的四個兒子讓她幾乎沒機會喘口氣，丈夫也幾乎從來不在家，有時晚上十一點半才離開編輯室搭火車回家；不過，在她倒在床上睡死前，還是會找時間寫寫信。他無法向別人吐露的事，都會跟女兒燕妮說。直到現在，他的健康才逐漸回復到自己為調養身體而離開倫敦時的狀態。在踏上這場荒謬的旅程、投入阿爾及利亞的風雨前，他的胸膜炎其實就快好了；淒風苦雨中，他經歷了一次嚴重的復發。當恩格斯與唐金醫生為他尋覓一個躲避倫敦濕冷天氣的庇護所時，他們對非洲萌生了一股莫名的熱情，從而認為沒有比阿爾及爾更適合的目的地。當時他曾透過一些暗示想讓對方知道，自己覺得芒通或尼斯比較適合，幾週以來，那裡一直陽光燦爛；反觀這裡，天氣始終是從一個極端落入另一個極端，從這一個小時到下一個小時，雨、太陽、暴風、雷雨，所有階段就會再來一遍。對恢復期來說，沒有什麼比這更危險的了。但他那樂觀的老友恩格斯卻把所有的顧慮全拋在腦後；他老實地向燕妮表示，恩格斯可能很容易就會因為真誠的愛殺死一個人。

但除此以外，他倒是盡力讓燕妮寬心。在維多利亞旅店，在富有服務精神的愛麗絲與羅莎莉女士這裡，他覺得自己受到了最好的照料。頗具耐心的卡斯泰拉先生在塗抹濕敷藥物與切開膿皰時，總是細心且熟練。詳細指導卡斯泰拉的史蒂芬醫生既有能力又可靠，而且隨傳隨到。燕妮一點也不需要擔心；他的復原雖然緩慢，卻持續好轉中。在信的結尾處他表示，他此時最想做的，莫過於用「如願帽」（wishing cap）將這個城市與人們變給她的大兒子，讓，瞧瞧。在天氣晴朗的日子，阿爾及爾是十分美妙的，就像一千零一夜裡的童話。摩爾人、阿拉伯人、柏柏爾人、土耳其人、黑人等形形色色的人，一言以蔽之——這個「巴別塔」和那些多半極富詩意的服裝，這整個摻雜了「文明的」法國人和無聊的英國人的東方世界，要是讓看到了會多麼驚訝。

某回史蒂芬醫生前來出診，在閒聊中他才得知，這位醫生並非只是有個聽起來像德文的名字，他的父親卡爾（Karl）確實出生於德國的蘭道（Landau in der Pfalz）。他的父親是位建築師，在法國人於一八三〇年將阿爾及利亞收為殖民地之前已先移民到阿爾及爾。這個城市的許多建築都出自他的手筆。不幸的是，他英年早逝，去世時兒子才兩歲大，不僅對他一點印象也沒有，更不會說半句德語。後來史蒂芬的母親改嫁，對象也是一位醫生，名叫特洛里耶（Trollier），史蒂芬是他撫養長大的，也成了史蒂芬日後在職業選擇上的榜樣。

這個城市擁有一個美妙的民族融合。至今他還不太識得這個城市的面貌。他只看過港邊的大道和從伊斯利門通往藥房的幾條小巷。只要天氣和史蒂芬醫生允許，他希望能夠快快改變他對阿爾及爾幾乎一無所知的窘境。距離旅店幾乎不到一百米的地方（這也是史蒂芬醫生容許的活動範圍），有一座小巧且頗富異國情調的公園，這座公園包圍著法國殖民地總督的夏季行館。散步到那裡，無論是就風景還是建築，其實都很誘人。行館是由最後一位阿拉伯的統治者德伊．穆斯塔法．柯捷特．艾凱爾（Dey Mustapha Khodjet El-Kheil）以白色大理石興建，兩層樓高，有摩爾人的拱廊，通風的門廊上有三個圓頂，裝飾了磁磚馬賽克與精美的石膏花紋。在阿爾及爾一帶，它可算是數一數二漂亮的建築，法國人不僅把它據為己有，而且還根據自己的想法改建與擴建。儘管如此，當他從敞開的大門看進裡頭被錦簇花壇與柱飾建物所修飾的通道，仍不失為是幅令人心曠神怡的美景。他不能再更靠近了，守衛的手勢是清清楚楚的。據說，來此療養的旅客可到市政府申請許可證，當總督和夫人沒有下榻行館時，就能憑證入內參觀花園。不過他沒有興趣這麼做，也沒有必要這麼做。若繼續沿著逐漸陡峭的路面向上走個百來步，他就能輕鬆將整座花園與裡頭的建築物一覽無遺。

從維多利亞旅店向上走，拐幾個彎，同樣也在他目前獲允許的活動範圍裡，有間取名叫白楊的咖啡店（café de tremble）。在晨間散步時，他偶爾會在那裡稍事休息，有時天空突然下起雨，他也會跑進裡頭躲雨。如同所有的咖啡館，這裡也放了多份阿爾及爾與法國的報紙。先前他跟拉法格說，自己只讀《小殖民》的簡短新聞，其實有點誇張了。畢竟，恩格斯會寄給他《每日新聞》（*Daily News*）的一些重要剪報，有時還會寄給他《科隆報》（*Kölnische Zeitung*）。費梅也幫他弄到了來自巴黎的《正義》，卡爾．希爾許（Carl Hirsch）所寫的關於社會主義在德國的長篇論文，當時正被翻譯成法文刊登在上頭。女兒燕妮曾在來信中推崇過那篇文章，它在德國造成了轟動，部分原因是俾斯麥查禁了那篇文章。不過，在他總算有機會閱讀那篇文章後，他覺得那篇文章簡直是一堆荒誕不經想法的大集合，他也這麼告訴他的女兒。

如果燕妮在信中所寫的事情屬實，那麼應該把黨交付的工作做得更好的希爾許，雖然文壇得意，可是情場卻失意。顯然，在他得知愛琳娜與里沙加雷解除婚約後，他如今又試圖要接近愛琳娜。

燕妮強調，有非常、非常明確的跡象。不過她懇求，千萬別跟愛琳娜提起這件事，否則的話，她肯定會立刻改變心意，接受這個不受歡迎的仰慕者。

這個希爾許變得越來越討厭了。他在乎他什麼呢？並非只在阿爾及爾，他其實已有很長

摩爾人在阿爾及爾經營的簡易咖啡館（攝於一八八〇年左右）

一段時間荒廢工作了，他為那些虛度的光陰感到遺憾。幾個月前，來自漢堡的出版商與他接洽，準備發行第三版的《資本論》，他本應盡快將附有必要的修改和補充的付印樣稿寄給對方。可是，在燕妮臨死的那幾週，他根本沒心情去做那些事。更何況，自己也跟著病倒了。他雖然帶了修正稿上路，但卻連碰都沒碰過它們。史蒂芬醫生要他明白，他在未來幾年仍得小心照顧自己。醫生警告他，工作暫時最好連想都別想。那麼他還能做什麼呢？他總是一再想起自己與燕妮在巴黎、布魯塞爾、科隆所共度的狂熱歲月，那些狹小的房屋、附家具的套房，以及滿是噪音與人的便宜旅館。

睡眠最能讓他放鬆。在歷經那些難以成眠的可怕夜晚後，如今好眠總算又回來了。當他知道，這份舒服可能會有多麼快就再度消失，他就益發享受著這樣的狀態。一旦可以敷上新的藥膏，他又將感覺到自己的皮膚變得太緊繃，身體簡直就想從中掙脫出來，到時他又會睡不著了。

科隆與革命

留不留鬍子，自十九世紀初開始逐漸發展成一個帶有政治意涵的問題。在幾乎所有歐洲強權全被拿破崙的軍隊打敗後，戰敗國內部日益興起反抗法國文化優勢地位的聲音。法國文化被貶抑為「外國的」矯揉造作。由於刮鬍修面屬於當時法國的時尚，因此，主要是在德語區，對於蓄鬍的偏好就蔓延開來，尤其是落腮鬍。當時它們被看成是古樸、正直、防禦的，被視為對在地文化的認可，也被視為對浪漫主義者所推崇的粗獷、蓄鬚的中古世紀的認可。

在德國，這種強化的民族意識，與期待未來能有一個統一的祖國及更多民主的議會參政權這兩個希望緊密結合。在對抗拿破崙的解放戰爭之前與期間，要求這兩者的呼聲越來越大，然而，在舊王朝取得勝利後，這些呼聲卻都遭到了拒絕。在巨大的失望下，鬍子很快就從原本反法愛國者的標誌，轉變成內政反對派的標誌，原因其實顯而易見；因為，大多數的君主，還有復辟時期的外交工程師梅特涅（Klemens Wenzel von Metternich），都把鬍子刮得乾乾淨淨。

當時的大學生尤其喜歡留鬍子，藉以做為反叛的表現。最晚在一八三〇年革命之後，絕對王權的支持者輕蔑地提出了「煽動者鬍」或「民主主義者鬍」之類的說法。被捕嫌犯在獄中被強迫刮除鬍鬚的情況並不罕見，在某些德意志的國家裡，執政當局甚至對公務員下達鬍鬚禁令。在歐洲，幾乎所有反抗專制主義的領導人，無論是激進民主主義者、民族主義者，還是社會主義者、共產主義者或無政府主義者，都留著落腮鬍。像是匈牙利的拉約什（Kossuth Lajos）、波蘭的梅洛斯拉夫斯基（Ludwik Mieroslawski）、俄國的巴枯寧、義大利的馬志尼（Giuseppe Mazzini），還有德國的赫克（Friedrich Hecker）、史特魯維（Gustav Struve）與布魯姆（Robert Blum）等人。同樣地，儘管並非大學生，但二十歲時的恩格斯也認為，留鬍子可以表明反對自身同胞疑似屈從權威的態度。他曾在寫給其姊妹的信中驕傲地表示：「我現在留了茂密的小鬍子，接下來，我就會留成像亨利四世那樣的鬍子或山羊鬍（……）我這樣等於是向所有能夠留小鬍子的年輕人發出通告，是時候去鄙棄所有市儈的庸人，沒有什麼會是比我們留著小鬍子更好的事了。」[82]

就連馬克思，誠如兩幅早期的畫像所示，也早在就讀波昂大學時就不刮鬍子了。頂著一頭不易服貼的鬃毛，留著滿嘴落腮鬍，他的外型很容易給人留下深刻的印象。在同時代人對他的描述裡，都不會遺漏掉他那頭濃密的黑髮，那嘴又黑又壯觀的鬍子也幾乎總會被強調。為他取的綽號從「獅子頭」到「丘彼特頭」，不一而足。從今日的眼光看來，就彷彿馬克思（有意地或直覺地）利用自己茂盛的毛髮來做為自己的註冊商標，讓自己成為不易被搞錯的、在登台或在圖像中容易辨識的聖像。怎樣的形象適合一個反叛者，這方面的考量馬克思是不陌生的。舉例來說，他就曾在一八五二年時嘲笑過自普魯士監獄出來後逃往倫敦的神學家暨民主主義者戈特佛里德．金克爾（Gottfried Kinkel），在重新公開亮相前「先在家裡隱居了一陣子，好讓鬍子重新長出來」。[83]無論如何可以確定的是，不惹人注目，絕非馬克思的目標。他意欲在視覺上獨樹一格的傾向，肯定不會有害於他隨著一八四八年革命而展開的政治工作上的崛起。

另一方面，鬍鬚的多樣性同樣也證明了從一八四八年革命所湧出的意識形態潮流的多樣性。某些馬克思傳記，把歐洲那年的動盪、起義及反叛的順序描繪成彷彿是先有社會主義的動機，藉以凸顯出它們感興趣的主角。然而，當時的氛圍也同樣是造成民族主義、民主主義或君主立憲等流派的政治動力，這些流派各自根據區域的實際情況結合成形形色色的聯盟，它們並沒那麼容易可以被區分開來。革命的戰事於一八四七年冬天在一向平靜無波的瑞士展開，次年一月延伸至南義大利，二月時躍向巴黎，三月從該處擴散到柏林、維也納、米蘭、威尼斯與匈牙利，接著更襲向波蘭與布拉格，一路持續到一八四九年。

除了引發災難性人口過剩恐慌的人口成長激增以外，自一八四〇年代中期起就持續醞釀的歐洲經濟危機，也是觸發革命的原因之一。包括馬鈴薯疫病在內的因素導致了多次的嚴重歉收。在這樣的情況下，食物價格急遽攀升，窮人只能為生存而掙扎，那些年愛爾蘭的大飢荒就造成了一百萬人喪生。隨之而來，英國發生了一場嚴重的經濟衰退，導致工資縮減、大量裁員與罷工，這一切對整個歐洲的經濟也引發了癱瘓效應。最嚴重的政治衝擊，當屬巴黎人民反對公民國王路易・腓力的起義。在一八四八年二月二十二日至二十四日激烈的街道戰與路障戰後，國王退位，他的王冠被丟到大街上焚燒，法國再度建立共和。

對流亡布魯塞爾的卡爾・馬克思而言，這場由時間巧合所帶來的革命勝利，關係到他個人的成功。由於持續擴大的家庭成員加深了他的財務困境，於是他益發使勁地逼迫自己的母親提前把他的那份遺產給他。在經過漫長的猶豫後，他的母親終於讓步，恰巧就在一八四八年二月底寄給他一千二百五十〇普魯士塔拉。這筆匯款驚動了比利時執政當局；在巴黎發生革命後，比利時當局自然也很緊張，嚴加監視著馬克思。萬一官員們懷疑這筆鉅款是要用來購買武器，他可能會立刻被驅逐出境。他們的懷疑或許不完全是憑空想像；畢竟，燕妮・馬克思在回憶錄中曾寫到，對德國工人來說，當時正是時候「去尋找武器。匕首、左輪手槍等都置辦妥當。卡爾樂意提供這方面的工具，他自己也正好剛獲得了一些。」[84]

於是，一八四八年三月三日，馬克思在他的人生中第二次接到了官方命令，要他在二十四小時內離開這個國家。由於有些警察多管閒事，以致燕妮和馬克思遭到逮捕，被迫在拘留所過夜。這其實是多餘的刁難，因為（隱約感覺到有什麼要對付他的事情正醞釀著的）馬克思早已請求新的臨時政府裡一位對他友好的部長費迪南・佛洛孔（Ferdinand Flocon），正式邀請他前往巴黎，而且也收到了邀請。「勇敢、正直的馬克思，法蘭西共和國的土地是所有自由之友的避難所。暴君勢力將你驅逐，自由的法國再次為你開啟它的大門。〔……〕謹致上兄弟般的祝福！」[85]佛洛孔自一八四五年起擔任共和派報紙《改革》（*La Réforme*）的主編，該報曾多次刊登馬克思與恩格斯的文章。此外，在巴黎還有一個共產主義者同盟組織強大的「鄉鎮」，恩格斯與他們保持著密切聯繫。因此，當馬克思及其追隨者於三月初重返動蕩不安的法國首都時，他一點也不孤單；他有著良好的政治人脈與一個更大的支持者圈子。他曾經不止一次地肯定法國人在歐洲即將到來的革命中扮演的先行者地位；在這個歷史時刻，對於一位懷有世界革命雄心的男性，還有什麼居留處會比巴黎更好、更有前途呢？

才剛抵達巴黎，他就收到了更多充滿戲劇性的消息。就在三月十三日，維也納學生與一團民兵群起反對梅特涅政府，梅特涅被迫下台且流亡。到了三月十八日，在柏林，在歷經多場血腥的路障戰後，不安的國王腓特烈・威廉四世允諾給予他的人民新聞自由、召集地方議會、為普魯士制訂一部自由的憲法。如果馬克思不顧他那斷然的全球革命理論，而在德語區尋找自己擔任革命主宰的位置，那麼這時做為可能的表演舞台的兩大強權首都，皆已為他敞開。

然而，他卻做出了不一樣的決定。他不選擇巴黎、維也納或柏林，而是選擇了科隆。他選擇返回自己所熟悉的萊茵大都會。後來恩格斯表示，科隆雀屏中選主要是因為司法考量：「柏林那裡施行的是陳腐的普魯士法，會在職業法官面前進行政治審判，在萊茵地區施行的卻是不知新聞審判為何物的拿破崙法典（……），在萊茵地區我們擁有無條件的新聞自由。」[86]事實上在幾個月後，馬克思與恩格斯在科隆就被帶上了法庭；能有拿破崙的民、刑法典在手為自己辯護，這點在訴訟上的確是他們的大利多。

儘管如此，選擇科隆還是有些敏感的限制。在此處，首波革命的動盪雖比柏林早幾天就能感受到，而且，誠如歷史學家約爾根．赫爾斯（Jürgen Herres）所指出，科隆在後來的幾個月也發展成了「萊茵革命的通訊中心」[87]，但這個城市卻從未成為先行者，在當年諸多關鍵性事件中只扮演了配角。也因此，在這場馬克思唯一親身參與過的革命裡，他也近乎必然地只能是個邊緣角色。他以政治評論家之姿取得全國性的知名度，在科隆是個無法被忽視的政治人物，但他卻從未躋身能夠影響德國未來的重要人物。此外，馬克思在三年前放棄了自己的普魯士國籍，如今是個無國籍人士，隨時都有可能在屬於普魯士的科隆遭到驅逐；相反地，他在法國「被臨時政府的成員授與了」

[88]公民權，但他卻不接受。

從恩格斯提到的新聞自由，我們可以明顯看出，馬克思與恩格斯所打的主意主要是想藉由辦報來影響政局發展。馬克思很快就在科隆找到一個再度領導編輯室的機會。摩西・赫斯已跟一些金主和出版商有了初步接洽，正在商討創辦一份名為《新萊茵報》（*Neue Rheinische Zeitung*）的報紙之相關事宜。這項計畫或許不單單只是激發馬克思對新聞工作的熱情。革命之後，在法國不少頗具影響力的報章雜誌主編紛紛在政壇上身居要職，像是《獨立雜誌》（*La Revue indépendante*）的路易・布朗（Louis Blanc）和《改革》的佛洛孔，都晉身為部長。早在一八三〇年革命後，《國家》（*Le National*）報主編阿道夫・梯也爾（Marie Joseph Louis Adolphe Thiers）就曾當過首相。如果馬克思樂於在即將於科隆發生的衝突中與他的編輯群一起公開亮相，並自稱為「《新萊茵報》黨」，這當中確實具有弦外之音。

馬克思在四月十一日抵達科隆，過沒幾天他就從摩西・赫斯手中搶走商談創辦新報事務的主導權；赫斯被一腳踢開，不久後便前往巴黎，只能在那裡為《新萊茵報》擔任通訊記者。一如在一八四二年馬克思將阿道夫・盧騰柏格從《萊茵報》領導人位置上趕下來那樣，這回他也沒有顯露出多少同袍情誼。當時要在短時間內籌措出創業資本並非易事，一時間找不到夠多願意預訂該報的讀者，所以必須發行股票。馬克思本人也利用一部分母親給他的預付遺產參與出資。印刷機是他個人的財產。在合約裡，他除了為自己爭取到「主編」頭銜和無拘無束的新聞自主性，更為自己爭取到一千五百塔拉的年薪。

在接下來的幾個月，這份報紙對馬克思來說不單只是權力基礎，同時也是個問題。它不但缺乏資金，也沒有任何儲備。到了秋天，科隆進入戒嚴，該報有整整十二天不能出刊，這嚴重影響到了它的存續。馬克思一時之間無法支付印刷工人的工資，這在政治上對他而言是件極其尷尬的事。也因此，當革命正如火如荼地進行時，他卻得在科隆等地花很多時間尋覓新的金主。

不過，最重要的是，馬克思（根據他的理論）在當時的政治辯論中採取了在外行人眼裡或許顯得矛盾的立場。在他看來，普魯士尚未成熟到足以引發無產階級革命，就連經濟進步的萊茵諸省也是。以嚴格的歷史唯物主義角度來看，工人得先夥同資產階級掃除國家既存的封建結構。馬克思認為，此時他們不該反抗被他們視為剝削者的企業主，而應夥同企業主在一場共同戰爭中擊敗專制主義與封建王朝。唯有如此，才能真正釋放現代資本主義經濟秩序的生產力，才能促成無產階級革命不可或缺的物質前提與勞工階級意識。

馬克思這樣的立場，並不容易透過他在《新萊茵報》首幾期之一上寫的一篇社論來理解。

在他看來，法國的經濟情況已經發展到，對它而言一場無產階級起義是很有意義的，於是他以激動到發抖的熱情讚揚巴黎工人對資產階級主導的國民議會所發動的、血腥的「六月革命」(Junirevolution)。那是一場苦無成果的殺戮，導致了數以千計的人喪生；不過馬克思卻認為，這是「人民」第一次敢於「獨立自主地維護其最屬於自己的利益」。[89]馬克思對道地的無產階級暴力所表現出的熱情，不僅讓那些他勸誡該與資產階級攜手合作的科隆工人看得糊裡糊塗，同時也嚇壞了科隆的中產階級，其中包括他報紙的一些金主；肆無忌憚的工人反叛是最讓他們害怕的惡夢之一。

簡言之，馬克思在短時間內就招致了各方的反對。普魯士當局恨不得立刻逮捕他。他標榜自己是個主張國際主義的、有思想的無神論者，常用粗暴的言語奚落民族主義者與在科隆勢力龐大的天主教教會。他對法國工人起義表現出的興奮之情，嚇壞了中產階級的自由派人士。至於工人，他們對馬克思的想法理所當然不會有興趣：一場與資產階級同在的反叛，首先可預見的是加劇他們對資本家的依賴，從而也會加深他們的苦難。除此之外，馬克思還有一個頗具魅力的競爭對手：共產主義者醫生安德烈亞斯・戈特沙爾克(Andreas Gottschalk)。他是赫斯的朋友，長年在城市裡幫助最貧困的那些人，還領導著一個有數千成員的工人團體。由於馬克思一輩子都傾向於與無產階級的現實生活保持距離，因此戈特沙爾克很容易就能以情緒性的論述攻擊他：「他並不是真心想要解放受壓迫的人。工人的苦難、窮人的飢饉，對他而言只是某種學術的、空談的興趣。」不僅如此，憤怒的演說家戈特沙爾克更嘲笑馬克思在革命這件事情上的自信預言：「您以哈巴谷先知（Habakuk）的準確性描述了它們數十年的過程。」他津津有味地數落馬克思的理論特有的種種體系限制，由於它們，他讓「德國革命的爆發取決於法國『小資產階級』的一場革命〔……〕，無產階級革命的勝利則完全仰賴還得再等待的工業發展，與資產階級的統治」。[90]

這場在政治上削弱這個城市的勞工階級衝突，也下意識地被個人的敵對所影響。馬克思對教條主義與大權獨攬的偏好，致使他根本不可能與戈特沙爾克合作。對他而言，戈特沙爾克不是一個有自己想法的共產主義者，而是一個競爭對手，戈特沙爾克憑著他的《科隆工人社團報》（*Zeitung des Arbeiter-Vereins zu Köln*）在政治評論上與馬克思分庭抗禮。在戈特沙爾克於七月被普魯士警方以一些牽強的理由逮捕後，馬克思與他的擁護者隨即接收了他的工人團體。然而，他們對這個城市的人來說畢竟是外來者；他們既不說無產階級成員的語言，也不享有他們的信任。在短短幾週之內，一個原先強而有力的組織縮到只剩原本規模的十分之一。在這個城市由自由派與中產階級團體所構成的民主主義團體裡，馬克思與他的事業心同樣也沒什麼好運。他想嘗試在立憲思想的擁護者與主張激進民主的共和黨人之間打造一個反普魯士聯盟，遺憾的是，由於外交手腕從來就不是他的強項，他顯然很難否認自己其實是在祕密追求別的、更進一步的、完全不屬於資產階級的目標。十九歲的大學生卡爾・舒爾茲（Carl Schurz）（他在革命爆發後逃往美國，後來當到了內政部長）曾在社團的一場大會上觀察過馬克思，後來在回憶錄中寫道：「他當時三十歲，已是被某個社會主義流派認可的首腦〔……〕馬克思的談話內容基本上都算言之有物、邏輯嚴謹、清楚明白。但我從未見過有哪個人表現出的傲慢像他那樣傷人、那樣令人難以忍受。對於基本上悖離他意見的那些意見，他完全不會基於一定程度的尊重給別人留點情面。每個對他有異議的人，他都報以近乎毫無掩飾的鄙夷。對於所有他不喜歡的論述，要不就是對值得同情的無知尖酸刻薄地冷嘲熱諷，要不就是毀人名節地懷疑論述者的動機。我還記得很清楚，他在說『資產階級』這個詞所用的那種刻薄、嘲諷，我想說的是，那種像吐口水的語調；身為『資產階級』就意味著，一個在精神與道德上深度墮落的明顯例子。他會譴責每個膽敢反駁他意見的人。這也難怪，那些馬克思在會議中所支持的提議都未能通過：那些由於他而心靈遭受創傷的人，會傾向於凡是他所不想要的，他們通通都贊成。」91

馬克思在《新萊茵報》的編輯室，換言之，在一個由心腹與擁護者所組成的規模小得多的圈子裡，情況勢必截然不同於在一個大型、有爭議的政治聚會上。在這裡，所有意識形態的問題當然也是他說了算，不過他的團隊倒是毫無問題地服從他。恩格斯曾如此總結：「編輯室的情況說穿了就是馬克思專制。一份必須在特定時間準時完成的大型日報，絕對無法在其他情況下維持一貫的狀態。這也就是為何馬克思的專制理所當然、毫無爭議、被我們大家欣然認可。」[92]在這樣的前提下，馬克思顯然遠比他在大型舞台上更和藹、更能溝通。他懂得不讓任何內部衝突在編輯室產生（除了恩格斯，編輯室還有威廉・沃爾夫、海因里希・柏格斯、恩斯特・多隆克〔Ernst Dronke〕、費迪南德・沃爾夫〔Ferdinand Wolff〕及作家格奧爾格・維爾特；從一八四八年十月起，費迪南德・佛萊里格拉特〔Ferdinand Freiligrath〕也加入他們），懂得提早化解即將造成的緊張局面。

因為合作並不是那麼簡單。在馬克思於八月底前往維也納參加一個民主主義者的會議時（他在會議中與包括先前《德法年鑑》的出版商尤里烏斯・福祿貝爾在內的幾位舊識重逢），他將領導編輯室的重任委託給他的代理人恩格斯。恩格斯是該報的祕密明星寫手，他可以迅速、專業且輕鬆地撰寫各種主題，有別於（除了副刊主編佛萊里格拉特以外）其他人只具備了極有限的新聞工作能力。但恩格斯卻沒有擔任編輯室領導人的天賦，他對待同事總是嚴苛而不鼓勵、沒有耐性而不欣賞。當馬克思返回編輯室時，編輯室簡直快要在無數的爭執中四分五裂；但馬克思展現出過人的手腕，短時間內就將風波平息。相反地，恩格斯喜歡讓別人感覺到馬克思有多麼用力地在寫文章、有多麼辛苦地在與每個字搏鬥，透過這樣的方式間接強調自己的專業素質。「他不是個記者〔……〕也永遠不會成為一個記者。別人兩個小時就能寫出的一篇社論，他卻得耗上一整天，就彷彿事關解決某個最深奧的哲學問題；他改了改、修了修，接著又把改過的東西再改了改、修了修；在極致縝密的面前，從來無法準時完成。」[93]

客觀說來，即使《新萊茵報》達到在當時算可敬的五、六千份的發行量，它也沒有機會對無產階級大眾產生直接影響。報上絕大多數文章都寫得極其複雜深刻，頂多只有受過良好教育的中產階級讀者才看得懂。但這些讀者卻經常對作者們的激進觀點感到震驚。舉例來說，馬克思就積極鼓吹發動一場打倒沙俄的戰爭，在他看來，沙俄就是歐洲反動專制主義的縮影。根據法國大革命的榜樣，發動一場這樣的戰事不僅可以解決外部敵人，同時也可以促進內部團結。此外，在報紙的創刊號裡，恩格斯不僅對剛出爐的法蘭克福聖保羅教堂國民議會（Frankfurter Nationalversammlung）缺乏革命的決心表示憤怒，他還取笑那些笨手笨腳一直在程序問題上打轉的代表們，在這件事情上他無疑是對的；另一方面，他也透過這樣的方式，提早對德國革命者寄予厚望的新議會幾乎還未培養出的權威表示懷疑。

在短短幾個月後，他們的情況已變得幾乎毫無希望。第一，夏天時在歐洲許多地方爆發的血腥起義事件，讓中產階級陣營陷於恐慌。這時人們不再一頭熱地想著要起義，安全與秩序才是人們迫切需要的。對任何暴力形式的恐懼，更甚於對回歸專制主義權力關係的恐懼。第二，在基本的改革實現之前，年初的革命氣勢已然消磨殆盡。王朝的許多權力與機構依然不動如山。普魯士國王始終有權組閣，儘管他所任命的部長得向議會負責。第三，更重要的是，舊政府從未喪失對軍隊的控制權。武裝部隊幾乎毫無例外且堅定不移地與統治者站在一起。因此，保守勢力重新集結，強行回復他們過去的權力地位，只不過是遲早的事。一八四八年十月，皇帝的軍隊包圍並攻克發生叛亂的維也納，處決了叛亂領導人，其中還包括基本上根本沒有參與的羅伯特·布魯姆，就這樣實際終結了奧地利的革命。到了十一月十日，弗里德里希·馮·佛蘭格爾（Friedrich von Wrangel）將軍率領一萬三千名士兵進駐柏林，民兵投降並被解除武裝。十二月五日，腓特烈·威廉四世基於自己的絕對權力頒布了一部普魯士憲法，這部憲法再度宣告他自己是承受上帝恩典的君王；緊接著，他則催促政府解散革命者的普魯士國民議會。

馬克思毫不猶豫。他動用了自己所能動用的一切手段來回應，嘗試讓勞工社團與民主主義者社團就位，撰寫煽風點火的號召文，印製號外和特刊。較為膽小的記者們，有鑑於舊勢力明顯回歸，只敢畏首畏尾地論述。但馬克思卻是直言不諱，簡單扼要地把在柏林發生的那些事情稱為「反革命」。他堅持主張，由人民所選出的國民議會才是這個國家的統治者，並把解散國民議會稱為「叛國」與「政變」。他幾乎是赤裸裸地呼籲採取暴力反抗：「這場戰爭顯然無可避免，帶著人員和武器前往柏林的國民議會馳援，是萊茵省分的義務。」[94]由於代表們在解散前做出了一項呼籲，直到國會再度回復它的權利之前，普魯士公民都不該再納稅，於是馬克思在報紙上發起了一項抗稅運動，好讓科隆人牢牢記住，抗稅是眼下最重要的事情：「從今天起，不要再納稅了！！！納稅是叛國，抗稅是公民的首要義務！」[95]

早在九月時，《新萊茵報》的編輯（不包括馬克思）在參加科隆勞工於該城北部舉辦的一場大規模集會後，就被以叛國罪名下了逮捕令。格奧爾格·維爾特於是逃往賓根（Bingen），曾在普魯士監獄坐過幾年牢的威廉·沃爾夫潛逃至巴伐利亞的法爾茲（Bayerische Pfalz），遭通緝的恩格斯則是夥同恩斯特·多隆克逃往布魯塞爾。但到了那裡卻立刻被警察逮捕，並以「流浪」的罪名將他們驅逐到巴黎。正當馬克思夥同戰力銳減、但如今又有佛萊里格拉特補強的編輯室繼續維持報紙的營運時，恩格斯卻遠離革命暫時休息了好幾個禮拜。他從拿破崙三世開始鞏固其專制統治的巴黎漫步到瑞士，盡情地享受自己的人生；如果他的旅行筆記可信的話。他愛上了法國的風光和女人，曾仰慕地說道：「多麼棒的酒啊！多麼不一樣的風貌，從波爾多到勃艮第，從勃艮第到南方更濃烈的聖喬治、呂納爾與佛龍提尼昂，從這些到冒泡的香檳！〔……〕如果我們考慮到，所有的這些葡萄酒都製造了不一樣的陶醉。〔……〕每走一步我就會發現到最開朗的同伴、最甜美的葡萄與最可愛的女孩；〔……〕〔人們或許會〕原諒我，要是，比起對於塞納河與羅亞爾河之間那些天生骯髒、蓬亂、如獒犬般的水牛犢，我對聖布里與佛爾芒通那些清洗潔淨、梳理光滑、修長纖細的勃艮第女人觀感更好。」[96]

到了瑞士後，恩格斯很快就覺得無聊。不過，在得知當局已經取消對他的叛國指控後，他倒是鬆了一口氣。隔年一月，他便從伯恩（Bern）返回科隆。然而，在這段期間裡，馬克思卻因毀謗與呼籲抗稅遭到控告。到了二月中旬，他出庭面對審判程序；這些程序是根據萊茵地區施行的拿破崙法典，在獨立的陪審團前進行。馬克思證明了自己是個機敏的法律人，他向陪審團說明了，對公務員的行為所做的基於事實的客觀批評，並不等於毀謗，即便普魯士當局覺得所有對於他們的行為發出的抗議都是侮辱；而且，據以指控他的抗稅運動的法律，在國王強加給這個國家的新憲法下，也已然失去了效力。最終陪審團一致決定無罪釋放；這也讓普魯士的代理人再次見識到了，萊茵地區的人民對他們是多麼沒有好感。

有鑑於效忠國王的軍隊在鎮壓革命者方面所取得的成功，馬克思拋開了對中產階級目標閱聽族群的所有顧慮。他讓自己的報紙突然來個急左彎，同時也改用激進的語調發聲：「反革命的同類相食，會讓人民相信只有一種方法，可以減少、精簡、濃縮舊社會殘忍的死亡痛苦與新社會血腥的出生痛苦，只有一種方法——革命的恐怖主義。」[97]從此以後，先前曾被他奉為社會發展未來之主的資產階級，反倒被他列為首要的攻擊目標，因為他們沒有完成資產階級革命必要的決心。他大聲譴責資產階級玩世不恭與藉以剝削無產階級的專橫跋扈，退出了民主主義者的社團。然而，即使立場有了如此鮮明的轉變，但與如今已經獲釋的戈特沙爾克及其勞工運動之間的裂隙，卻仍舊無法彌補。在地方政治上，馬克思脫離了主流。

革命的垂死掙扎又持續了好幾個月。一八四九年三月，法蘭克福國民議會通過它的憲法，邀請普魯士國王腓特烈．威廉四世接受德意志皇帝的稱號。但腓特烈．威廉四世遲遲不肯接受，最後奧地利與普魯士更從國民議會召回他們的代表，進一步削弱議會原本就已很小的權力。到了四月底，腓特烈．威廉四世回絕了給他的皇冠；透過這個舉動，他徹底否定了議會的權力。剩下的代表從法蘭克福遷往斯圖加特（Stuttgart），因為他們期盼能在那裡獲得更多保護。然而，僅三週之後，會議的進行就遭到符騰堡（Württemberg）國王威廉一世（Wilhelm I）的輕騎兵所阻撓，最後更斷然地將代表們驅散。

從北邊的萊茵地區一直到南邊的巴登（Baden），這時爆發了許多動亂。革命游擊戰士試圖用盡一切手段，在最後一刻力挽狂瀾地阻止舊勢力的重建。當人們在埃爾伯費爾德（Elberfeld），也就是恩格斯的出生地巴爾門附近的一個城市設起了路障，他再也按捺不住，毅然決然地投入了街巷戰。他在那裡的行動圍繞著許多傳奇。當他在某座橋附近布置砲手時，恩格斯居然遇到了自己的父親，當時他的父親正在前往教堂的路上。此外，他還曾俘虜過普魯士的部長奧古斯特・馮・海德特（August von der Heydt）的兄弟，並勒索贖金。可以確定的是，當恩格斯想把插在路障上的黑紅金三色旗換成紅旗時，起義人士紛紛激動地反對他。為了躲避眾怒，他不得不馬上離開那個城市。

到了五月中旬，科隆當局再次以叛國罪指控《新萊茵報》，並驅逐所有不具普魯士公民權的編輯。此舉也讓該報壽終正寢。最後一期改以紅色印刷，後來成了炙手可熱的收藏品。第三度接獲必須在二十四小時內離開該國這種命令的馬克思，如今應付起來已是駕輕就熟。他賣掉了印刷機，用價款支付印刷工薪資，三日後幾乎一貧如洗地離開這個城市。在家人與心腹陪伴下，他搭乘汽船往萊茵河上游航行。他把妻兒暫時送回特里爾，自己則繞了一些路前往巴黎。他那原本任職於臨時政府的老友，如今已遭解職。法國的首都此時被牢牢掌控在以拿破崙三世為首的反動派、還有霍亂的手中。儘管如此，他卻讓家人前來與他團聚，顯然打算在巴黎待上更長的時間。不過，新的法國政府並沒有興趣為聲名狼藉的革命者提供避難所。他們希望馬克思承諾不要定居巴黎，而是定居在靠南布列塔尼鄰近大西洋的一個敬畏上帝、深度保守的荒涼地方。馬克思難以接受這樣的要求，因為若是如此，他不僅會失去與政治同路人的所有聯繫，也會喪失做為政治評論員的生存基礎。於是，他把期間再度懷孕的燕妮和子女們留在仍被疫情陰霾所籠罩的巴黎，獨自前往英國。他在八月底時抵達倫敦，那裡霍亂同樣也肆虐著。

相反地，在告別科隆後，恩格斯則前往巴登，加入了以奧古斯特・馮・魏里許（August von Willich）為首的勞工與學生團體，他們在拉施塔特（Rastatt）抵抗普魯士軍隊的進兵。恩格斯很快就晉升為魏里許的副官；魏里許後來在美國的內戰中一路升到准將，在這位頗具才華的指揮官身邊，恩格斯學到了相當多的軍事知識。然而，在正規軍的絕對優勢下，起義人士一點機會也沒有。在歷經數次敗戰後，倖存者紛紛逃過邊界躲進瑞士。不久後，恩格斯就在那裡收到馬克思一封來信，信中馬克思對他說道：「你為何要去你什麼事也做不了的瑞士呢？〔……〕在倫敦我們可以幹一番事業。」[98]於是，這時在法國與德國都有可能遭捕甚至處死的恩格斯，便從北義大利前往熱那亞（Genova），在那裡搭上英國的多桅帆船《康沃爾鑽石號》（*Cornish Diamond*），於十一月抵達倫敦。

阿爾及爾VI：懶得說話

費梅再次來訪時，向他透露了阿爾及利亞氣象學家的預測。在未來三天熱海風將發威，可以預期之後的三或四天都會陰雨連綿，接著千呼萬喚的正常春天才會真正到來。從維多利亞旅店的窗戶看出去，狂風已經連刮兩天，搖晃著樹木，席捲著街道上的灰塵，拉扯著園裡的紅花，把每個想出門的人趕回屋裡。不過，費梅卻認為熱海風要現身還久得很。

這位法官的來訪是受歡迎的打擾，讓他得以暫時從深陷回憶中脫身，但同時卻也是場耐心測試。復活節的前一週與後一週法院放假，因此費梅有的是時間。他住在上穆斯塔法路線的底部，那裡被稱作米歇列路（rue Michelet），位在居高臨海的維多利亞旅店所在的那個小山丘下方，費梅每天下午只要花幾分鐘時間爬上斜坡，就能過來拜訪他。

由於咳血的緣故，史蒂芬醫生嚴禁他說話，但費梅顯然不是很在意這項禁令。費梅自顧一個人喋喋不休地幫他打發時間，他完全不需要答腔。最近史蒂芬醫生已經允許他可以有節制地稍微說點話，但他並沒有向費梅透露這一點，這也讓他保有保持沉默的自由，可以邊聽費梅說話邊想自己的事情；而且，當他總算說點什麼時，他說的話會特別有份量。

有一回，他成功讓這位法官在來訪過程中完全一語不發。費梅帶了一封愛琳娜的來信給他，他當場就把信打開，自顧自地讀了起來。在這樣的情況下，他的客人也只好獨自在一旁靜靜地等待。愛琳娜對於他順利挺過咳血危機表示欣慰，為此，她還立刻跟恩格斯乾了幾杯啤酒以示慶祝。然而，他讀完信後卻向費梅表示，來信關乎某些急事，他得馬上回信；如果現在就動筆，還能趕得上當天前往馬賽的郵輪。於是費梅只好安靜地呆坐在房裡自己看書，直到他寫好回信，裝好信封，差人將信拿到阿爾及爾市區去寄。

費梅所講述的、關於司法人員在阿爾及利亞的日常生活，其實並不會令人難以忍受。但基本上費梅已經沒什麼新鮮的事可說，他當然也曉得這一點，不過某些細節倒還是能讓他多瞭解這個城市一點。費梅並不喜歡阿爾及爾，這裡的天氣十分困擾著他和他的家人，他們經常都會感冒發燒。而且即使過得十分儉樸，但由於這個殖民地首都的高物價，擔任法官的薪水也幾乎入不敷出。

不過，費梅告訴他，如今政府給了兩份工作讓他選。他可以去新喀里多尼亞（Nouvelle-

Calédonie），為那個設有刑事犯集中營的熱帶殖民地引入一套新的法院建制，除了一萬法郎的薪水，國家還會給他房屋津貼。他也可以轉去突尼斯（Tunis），到了那裡不但可以升官，還可以加薪。目前他還有時間可以考慮，他會接受其中一項提議，屆時就會離開阿爾及爾。

因為這裡的情況逐漸令人難以忍受。這個城市的警力嚴重不足。警力有很大一部分是由當地居民構成，但他們從來就不怎麼可靠，儘管這個城市已習於民族混雜，但總是會造成某些衝突。舉例來說，加泰隆尼亞人不把他們白色或紅色的腰帶穿在大衣下面，而是穿在上面，藉以隱藏被稱為「大頭針」的細長匕首，在發生爭執時，他們會二話不說、一視同仁地將它抽出來對付義大利人、法國人或在地人。阿拉伯嫌犯在被拘留時會被「理所當然」地刑求，屈打成招；法官也會期待他們這麼做，彷彿他們對於這種情況一無所知。大多數案件都是發生在法國人的大型農場裡的搶劫或搶劫殺人。即使兇手確實被捕、審判並處決，蒙受損害的殖民地家庭也不會因此而滿足，他們會要求見到更多的血，會要求至少有半打以上無辜的阿拉伯人一起陪葬。法官們，特別是阿爾及爾上訴法院的法官，當然不會允許這種要求。不過，在某些偏遠省區孑然一身擔任法官的太平紳士，遇到這樣的情況時就不得不顧慮，如果自己不至少再另外牽連幾個並未涉案的阿拉伯人，那些激動的殖民者可能就會反過來追殺自己。

再來就是地方官員的任性胡為。不久之前，有個阿拉伯人因犯下搶劫與多宗謀殺等罪被判處死刑。在行刑前不久，他赫然發現，他不是被槍決，而是被送上斷頭臺，這完全違背了與法院的協議；儘管法官曾向他保證，他會被槍決。他的瘋狂抵抗完全幫不了什麼忙，在驚聲吶喊中他被帶到了斷頭的鋼刀下。事情還沒完。他的家屬期待著，至少能把他的頭顱和身體交給他們，好讓他們把兩者縫合成一具完整的遺體再下葬。然而，他們卻什麼也沒有得到。主管當局拒絕將遺體交給家屬；這下子，根據家屬們的想像，他在另一個世界就得身首異處地走到穆罕默德面前，兩者隨後就會被基督教的狗獵捕，因為身首異處是不配進天堂的。

他並未反駁費梅，儘管費梅的陳述不免誇張了些。兩三年前，他曾在他的俄國朋友馬克西姆．克瓦盧斯基（Maxim Maximowitsch Kowalewski）的書中首次讀到關於阿爾及爾一帶地方公產的事，當時他還仔細做了筆記。他知道，歐洲的殖民者，無論是長久移居當地，或只是因為做生意而暫時住在那裡，一般來說，他們都是不可侵犯的。順道說一句，在面對他們稱為「低等種族」的成員時所表現出的肆無忌憚的傲慢與憤怒上，英國人與荷蘭人可是遠勝過法國人。

克瓦盧斯基不只是胖，他其實是肥；但他倒是一個不錯的學者。他住在莫斯科，每年都會前往倫敦，研究大英博物館裡的奇珍異寶。勤奮的馬克西姆．克瓦盧斯基，成功地將關於美洲、印度與阿爾及利亞原住民的集體所有權所有可得知的事情，完整地收集起來。這種共有的古老形式對土地的交易與收購顯然是種阻礙。如果沒有賣家，因為土地並非單獨屬於某個所有人或某個家庭，而是屬於整個集體，資本家要如何才能買土地呢？這也難怪，法國人處心積慮地要在阿爾及利亞消除所有的集體共有。這個問題已在國民議會中被討論了很久，因為這種集體所有權，可能有在阿拉伯人的腦袋裡促進共產主義傾向的危險。於是國民議會透過法律，強迫將所有集體共有的土地所有權分配給每個集體的所屬成員，而成員們可以毫不猶豫地出售土地。

集體的土地所有權也在俄國扮演了重要的角色。在歐布希欽納（Obshchina），土地屬於所有村民，他們對沙皇與執政當局共同負有稅賦負擔。每個家庭，會根據它們的大小和有多少人要養，分得耕地。一年多前他收到一位名叫薇拉．查蘇利奇（Vera Sassulitsch）的移民者來信，她在日內瓦和一個俄國革命團體研究他的《資本論》。查蘇利奇在信中表示，對於她和她的朋友來說，從他那裡得知他是如何看待歐布希欽納在通往共產主義路上扮演的角色，是個生死攸關的問題。這個主題並不簡單，問題問得相當聰明。回這封信對他來說不是件容易的事，他多次在起頭後再度把回信擱在一旁。

一方面，落後的俄國顯然亟需一場資產階級革命，徹底掃除沙皇及其朋黨，釋放該國生產力。如此才能讓無產階級擁有發動屬於自己的革命的能力，接著無產階級革命才會流向共產主義。不過，一旦資產階級權力到手，勢必得立刻將歐布希欽納的集體土地所有權轉變成私人所有權，正如法國人在阿爾及利亞所做的那樣，如此一來，他們才能擁有土地支配權，才能利用它們。或者，另一方面，查蘇利奇想要知道，能否保護俄國的共有土地免受資本家侵害，能否讓數個世代以來一直耕種著那些土地的農民保有它們，讓它們過渡到一個未來的共產主義社會？

這個問題在他的身上發酵。在恩格斯看來，像歐布希欽納那樣的集體所有權只是史前時代的殘餘物，是遠古時期偶然遺留下來的、可笑的殘渣；如果仔細觀察，那些土地其實總是被某個村莊獨裁者所控制。有很長一段時間，他也是把歐布希欽納定位為原始社會形態，在那當中，最黑暗的反動思想、愚昧、迷信孕生。然而，像他那謹小慎微的胖老友克瓦盧斯基所寫的書，就讓他不禁要問，在這種集體土地所有權的背後，是否能夠見到原始共同體內某種古代共產主義的一些特徵呢？就連在德語區和英語區，研究者也發現到了集體所有權的一些蛛絲馬跡，它們曾是民族自由與生存的避風港。人們能否在最舊的事物中找到最新的東西，在古代的歷史中找到共產主義呢？

薇拉．查蘇利奇用振奮人心的口吻寫信給他。農民遭到資本主義私有制無情驅逐，至今只發生於英國，頂多也僅限於西歐國家。他在《資本論》裡所做的分析，並未提出任何證明支持或反對一個像歐布希欽納這樣的村莊集體生存的能力。在新的研究中，他相信，這樣的集體村莊可以是俄國社會重生的支撐點。只要能排除從各方湧向那些村莊的破壞性影響。

在啟程前往阿爾及爾的不久前，他還曾再次因為這個問題與恩格斯發生激辯。他們得為查蘇利奇翻成俄文的《共產主義宣言》寫序。恩格斯拒絕接受可能讓與社會形態順序有關的知識相對化的任何句子。歐布希欽納將會瓦解，俄國必然也會和西方國家一樣走上同樣的路。最後他們達成妥協，一致同意預示：俄國的革命將成為西方無產階級革命的一個信號，農村的集體土地所有權將發展成某種共產主義社會形態的出發點。一條他們可以保持一切開放的妥協公式。

他覺得精疲力竭。先前在倫敦與恩格斯討論時，他就沒有力氣捍衛自己的論述。如今他又得忍受史蒂芬醫生的濕敷藥物治療。第一天晚上，藥膏在他的皮膚上灼燒，使他完全無法成眠。第二天晚上，由於破裂膿皰下新生的皮膚一連數小時引發搔癢的感覺，而且他無論如何也不能去抓它們，又讓他過了一個不得安寧的夜晚。

他起身，請求依然在滔滔不絕講述著法屬阿爾及利亞的司法有多糟的費梅能夠諒解；他得躺下來，看看能否趕在晚飯前補點眠。這位法官隨即站起身來，但他卻推了一下自己的手錶，接著問道：在他離去之前，能否一同欣賞一下一場特殊的表演？費梅一邊作勢指了指門前長廊的方向，一邊解釋道，報紙上說今天傍晚時分俄國的鋼鐵戰艦《彼得大帝號》（*Peter the Great*）將會入港，要在阿爾及爾舉行一場親善訪問。

長廊上已有其他房客在那裡卡位。風暴在海上肆虐，《彼得大帝號》以極為緩慢的速度駛向港口。那是一艘巨大的船，上頭有根龐大的煙囪，還有三根看起來細瘦易碎的鋼桅杆。艦橋前後的兩座砲塔清楚可見。對這類戰艦來訪的場面已然司空見慣的費梅，好心地提醒身邊的觀眾，在戰艦入港前，它們會發砲致意。

《彼得大帝號》那巨大的灰色船身又花了好幾分鐘時間，才晃晃悠悠地移動到海港入口。接著船上的大砲發出了閃光，如雷般的響聲隨後也傳到維多利亞旅店。幾秒鐘後又傳來第二聲巨響，那是砲兵們從阿爾及爾山上的堡壘所發出的回禮。

他覺得寒風刺骨，很高興總算又能回房。不過，在他與費梅道別時，其他房客卻又請他稍作留步。他們對來訪的船艦感到好奇，詢問他，是否願意在往後幾天和他們一起去港邊，近距離瞧瞧那艘軍艦。他點了點頭表示，如果天氣許可且醫生不反對的話，他很樂意奉陪。

間奏曲：尤里烏斯・福祿貝爾

不僅僅一個人做些什麼可以反映他的性格特徵，一個人不做些什麼同樣可以反映他的性格特徵。也因此，我們還得再來談一談尤里烏斯・福祿貝爾。

一八四三到一八四五年之間，對青年作家卡爾・馬克思來說，尤里烏斯・福祿貝爾是個相當重要的人。福祿貝爾在一八四一年時接手了「文學專櫃」出版社。他的目的不在賺取金錢或名聲，而是在政治。他開宗明義地表示，出版社旨在印行那些在德意志諸國遭禁的書籍，讓它們能繞個路重回德國讀者手裡。初試啼聲之作，《一個活人的詩歌》，就取得了出乎預期的成功，先前沒沒無聞的詩人格奧爾格・赫維更因此紅了好幾年，成為德國十分受歡迎的反專制主義詩歌作家。

在一八四三年時，阿諾・盧格試圖為與馬克思合作的《德法年鑑》找個出版商，福祿貝爾熱心加入了這個計畫。不久之後，馬克思與福祿貝爾就在巴黎見了第一次面，之後更因《年鑑》開始書信往來。然而，就在這份刊物的創刊號在普魯士邊界被沒收，從而這項計畫可預見將淪為一場財務災難之後，福祿貝爾與盧格立刻就收手。由於未能獲得擔任《年鑑》的編輯與作者原應獲得的報酬，馬克思勃然大怒；不過他的怒火並不是針對福祿貝爾，而是針對盧格，因為盧格居然向他提議用那些很難脫手的庫存來抵償欠他的薪資。到了一八四五年，德意志聯邦大會概括地將「文學專櫃」的所有出版品一律列進查禁清單，在這樣的情況下，這家出版社等於失去了存在的意義，福祿貝爾便放棄了它。

三年後，也就是在一八四八年，馬克思與福祿貝爾在民主主義者社團於維也納舉行的一個大會上重逢，如果福祿貝爾的回憶可信的話，他們當時甚至還坐在隔壁，在會議過程中熱絡地交頭接耳。[99]福祿貝爾曾在法蘭克福主持過最早的民主主義者大會，馬克思則（並非基於信念，而是戰術考量）曾加入科隆的民主主義者社團，換言之，他們兩人曾暫時像是革命的同志。一八五八年十一月，他們在倫敦再度碰頭[100]，兩年後兩人進行了一場溫和的筆戰，但他們卻不約而同地在不同報紙上撰文抨擊德國流亡者卡爾・沃格特（Karl Vogt）。[101]不過，在此期間，他們的政治觀點卻是分道揚鑣；儘管兩人仍持續活躍於德國的政治與政論舞台，卻有將近二十年的時間，他們之間再也沒有任何交會點。

這樣的情況一直持續到一八八二年，馬克思決定前往阿爾及爾養病。因為，從一八七六年到一八八八年，尤里烏斯・福祿貝爾就在那裡擔任德國領事。

在這個職務上，他對馬克思不負什麼責任，因為馬克思是個無國籍人士，沒有有效的護照，從而也就沒有理由去求助德國的駐外官員。不過，要說馬克思完全不曉得，或是在他逗留於阿爾及爾的十週裡始終未曾得知，當時是誰在這個城市裡擔任德國領事，這是極度不可能的事。特別是，史蒂芬醫生（他在幫馬克思進行治療時並非只會閒聊一些醫學話題）必然跟福祿貝爾很熟，因為他有很長一段時間跟他住在羅維戈路（rue Rovigo）十八號的同一棟房子裡。

尤里烏斯・福祿貝爾，一八〇五～一八九三

然而，無論是在保存至今的書信、還是在其他的證詞裡（例如福祿貝爾的回憶錄），都找不到任何一點馬克思可能在阿爾及爾見過這位革命年代的舊識、或試圖與他聯繫的蛛絲馬跡。

況且，馬克思待在阿爾及爾的最後幾週顯然非常無聊，經常從上穆斯塔法遠足到阿爾及爾市區，而且史蒂芬醫生那時也不再對他下不許說話的禁令。馬克思顯然是刻意避開福祿貝爾。

我們可以從馬克思對與福祿貝爾見面興趣缺缺，看出他的一些性格特徵。馬克思不是什麼多愁善感的人。唯有涉及到關係最親密的家人或朋友，妻子和子女，他才會流露情感；就連在與恩格斯相處時，他都會表現出他那種與其說是喜怒無常、毋寧說是冷酷無情的諷刺語調。與福祿貝爾在閒聊中回憶當年風起雲湧的歲月，這對他毫無吸引力。放棄與一個理念和自己截然不同的男人共度懷舊之夜，他並不會覺得可惜，也許反倒會讓他覺得鬆了口氣。

從今日的觀點看來，尤里烏斯．福祿貝爾是個與博學革命家馬克思形成強烈對比的、激動人心的人物。從他的傳記中我們能明顯看出，在對一八四八年反對專制主義與割據主義的德國起義失敗所做的回應，他選了一條與堅定不移的馬克思所選的截然不同的路。

尤里烏斯．福祿貝爾是知名教育家弗里德里希．福祿貝爾（Friedrich Fröbel）的姪子，他出生於杜林根的一個小村莊，攻讀的不是哲學，而是自然科學。他大馬克思十三歲，大學主修地理，後來成為任教於蘇黎世的礦物學教授。身為梅特涅政府的仇敵，他「符合身分」地留了一臉粗獷的落腮鬍。一八四八年時，他主要是以政治家的身分活躍於政治舞台，而非以出版商或政治評論者的身分。他參加了德意志國民議會競選，在議會中被歸類為左傾共和派的代表，雖然他對社會問題頂多只是暫時感興趣。秋天時，議會派遣他連同羅伯特・布魯姆前往維也納，他們兩人參與了革命黨人與效忠國王的部隊之間的戰鬥。在起義遭平定後，大獲全勝的溫迪施・格雷茨親王（Fürst zu Windisch-Graetz）將他們判處死刑。後來實際遭到處決的只有布魯姆，福祿貝爾獲得了赦免，其中的緣由從未被令人信服地澄清過。儘管在奧地利有過如此慘痛的經驗，福祿貝爾卻拒絕德意志國民議會所做出的，敦請腓特烈・威廉四世接受德國皇帝封號的決議，因為此舉必然代表著將奧地利排除在統一的德國之外。在國民議會最終於斯圖加特徹底瓦解後，如同恩格斯，他在拉施塔特加入起義人士的游擊隊，在普魯士部隊的節節進逼下逃往瑞士。接著他從那裡出發，如同其他許多遭迫害的四八年革命分子，經英國潛逃至美國。

這趟美國之旅，不僅僅是（若以陳腔濫調來說）讓他進入到一個新世界。這位前教授、前出版商、前議會代表，起先在紐約只能充當煮皂工人勉強度日，後來才轉任記者，為德國和美國的報紙工作。由於身為礦物學家與地理學家，他具備豐富的相關知識，於是被招募加入了一支尼加拉瓜探險隊，這支探險隊有一年的時間評估在當地修建一條連通大西洋與太平洋的運河的可行性（巴拿馬運河〔Canal de Panamá〕直到一九一四年才開通）。回國之後，他丟了德文的《紐約匯報》（*New Yorker Allgemeine Zeitung*）編輯工作，於是他跑去參加從紐約到墨西哥的行腳貿易隊伍，之後轉往舊金山的某個報社擔任編輯，最後又再度因為一項運河計畫在洪都拉斯待了半年。

到了一八五七年，由於先前參與四八年革命的革命者獲得大赦，他決定返回德國；在此期間，他已與約瑟夫・馮・阿曼斯佩爾格伯爵（Graf Joseph von Armansperg）的女兒結婚。接著他撰寫了多部書籍，裡頭多半都帶著十分恢弘的論點；日常政治不是它們的重點，它們旨在嘗試說明世界局勢。由於這樣的地緣政治沙盤推演，加上由於他在一本研究報告裡宣傳了在奧地利的領導下促成德國統一，他讓奧地利政府留下了深刻的印象，於是聘請他擔任外交顧問。在一八六三年的法蘭克福諸王會議（Frankfurter Fürstentag）上，他搞砸了自己的任務；儘管如此，後來符騰堡與巴伐利亞（Bayern）國王還是向他提出了類似顧問的合約。一八六六年奧地利於柯尼許格雷茲（Königgrätz）被普魯士擊敗，致使它最終喪失在德意志帝國中扮演領頭羊的機會，此時福祿貝爾在巴伐利亞雄厚的財力支持下於慕尼黑創辦了《南德報》（*Süddeutsche Presse*），他在這份報紙上改而為普魯士的領頭羊角色做宣傳。對於俾斯麥而言，這種政論支援無論如何都彌足珍貴。於是他透過祕密管道資助了該報，並與福祿貝爾會面商討；福祿貝爾非常重視那幾次的對話。在德國於一八七一年在普魯士的領導下完成統一後，對《南德報》的資助就逐漸枯竭。福祿貝爾賣掉報社，在六十八歲時謀得了為新的德意志帝國從事外交工作的機會。於是他先前往士麥納（Smyrna）當了三年的領事，繼而在阿爾及爾擔任了十二年的領事。

在每個中規中矩的普魯士或德意志外交官眼裡，福祿貝爾的外派經歷簡直就是一場惡夢。或許，部分是因為早期曾與俾斯麥有過一些接觸，讓他以為賦予自己的外交任務，會比在鄂圖曼土耳其（Ottoman Empire）的士麥納或法國的阿爾及爾擔任領事更為光彩。然而，他無疑是被推到了支線。他在政治觀點上非常固執，也沒有可以依恃的靠山，對於一個外交官來說，這些很快就會成為事業阻礙。他長久以來堅持不懈追求的目標是盡可能大範圍的德國統一，但我們卻不能因此把他說成是民族主義者，因為所有民族優先的想法都離他很遙遠。對他而言，構成國家基礎的並非種族或文化因素，而是經濟與地緣政治條件。他不把國家看成命運共同體或民族共同體，在他眼裡，國家只是利益共同體或目的共同體。他認為超越國界的族群融合是件幸事，因為這樣每個文化都能豐富彼此，民族之間的緊張關係也能消弭。

他從前曾經極力反對德國的地方割據，也極力反對將奧地利排除在新的德意志帝國之外，這些主張其實都有強烈的強權政治動機。一個國家越強大，就越能維護其國民的利益。一個由普魯士、奧地利與日耳曼邦聯（Deutscher Bund）諸國組成的一統國家，他認為，將會成為歐洲十分重要的領導強權。雖然他曾在一八四八年為德國的民主化奮鬥過，可是到了晚年他卻不怎麼反對專制的政府形態。相反地，擁有巨大權力的偉大領袖，在他眼裡才是政治成功的前提；這也就是為何，他曾先後對拿破崙三世與俾斯麥表示欽敬。由於這樣的態度，在馬克思眼裡，特別是在其他許多社會主義者眼裡，他根本就是典型的叛徒。

不過基本上，從美國返回德國後，福祿貝爾認為歐洲各國的爭鬥只不過是些無謂的爭鬥，是歷史上的一些無望的鬥爭（rearguard action）。他預言，美國與俄國不久之後將崛起為世界強權，屆時西歐唯有串連成一個休戚與共的整體，唯有找到一種自願的、邦聯式的合作方式，才能與美、俄抗衡。百年之後的歷史學家[102]不得不對福祿貝爾的先見之明表示佩服；只不過，我們卻也很難把他奉為催生今日歐盟的思想先驅。因為，無論是他對於某種純粹的強權政治與地緣政治思想的偏好，抑或是他（說得客氣一點）家父長式的態度，對於非歐洲的民族都是不適合的。有別於馬克思，儘管他不受十九世紀典型的反猶主義所影響，在美國也極力贊成取消奴隸制，但他卻一點也不懷疑（根據他的信念）有色人種或印地安人無法建立現代國家，他們更加需要的無非是一個充滿關懷、如父親一般的白人政府。

這兩位白髮蒼蒼的四八年革命退役者，會如何在阿爾及爾進行一場對話呢？一位是執著於細節的社會理論家，他對資本主義所做的分析，直到二十一世紀初仍為人所欽佩，但他那經常被預言的、消滅所有階級矛盾的革命卻從未發生。另一位則是先前因自身的反叛行為差點葬送性命，如今卻變成近乎毫無立場、只關心現實利益的政客，不過他的預言倒是準確描述了二十世紀後半葉的強權政治局勢。福祿貝爾或許會被對方問到，如果他把關鍵的歷史進步全數寄望於強人的統治，那他到底要如何想像一個自願的、邦聯式的西歐聯合組織？馬克思或許會被對方問到，在據稱富有前瞻性的《共產主義宣言》裡，為何對後來主宰了歐洲百年歷史的民族主義所具有的危險隻字未提？不過，這畢竟只是後世的人大膽為一場歷史人物的對話所設計的對白。但這兩位歷史人物卻都有各自的理由不讓這場對話發生。

倫敦與苦難

「到了瑞士，人們不給我護照，我必須前往倫敦。」一八四九年八月馬克思寫信給人在洛桑（Lausanne）的恩格斯，企圖說動這位朋友一同逃往英國。「無論如何，瑞士不久之後就會封鎖得密不透風，『老鼠』將被一網成擒。此外，我對於在倫敦創辦一份德文報紙持樂觀態度。部分的資金我是有把握的。你必須立刻前來倫敦。再者，你要考慮自身安全。普魯士人會槍斃你兩次，一次是因為巴登，一次是因為埃爾伯費爾德。〔……〕你不能待在瑞士。在倫敦我們可以幹一番事業。」[103]這樣的預示聽起來似乎大有可為，不過事實證明，這其實是嚴重的誤判。馬克思此時已三十一歲，在倫敦，他人生中最可怕的歲月正等著他。他在那裡沒有幹出什麼事業，反倒陷入了致命的死胡同。就連當時已二十八歲的恩格斯，也同樣陷入了困境，他被迫做出了或許是自己人生中最困難的決定。

當時反革命勢力在歐洲大陸締造一場又一場的勝利，英國可說是碩果僅存的自由國家之一，它們為公開反對專制主義的異議分子提供庇護所。然而，除了讓這些人前來以外，這個國家並不願再多給他們些什麼。完全沒有支持或幫助可提供給成千上萬湧入這個國家尋求庇護的人。他們只能自求多福，頂多指望私人救濟金、食物發放或流亡者之間的互助。不僅如此，當時在倫敦這個大都會，生活費用高到令人咋舌。對流亡者來說，這個城市不但是個充滿生機的、國際化的避風港，但同時也是個無情的、無比昂貴的、惡名昭彰的霍亂在貧民區橫行的「摩洛神」（Moloch；**譯按：摩洛神為古腓尼基人信奉的火神，以兒童為獻祭品；這個詞同時也是指，要求獻出巨大犧牲的恐怖者或事物**）。

起初馬克思或許不覺得這是大問題，因為他原本只打算暫時留在英國。馬克思認為革命只是暫時熄火，與其他許多四八年革命的參與者一樣，他也不想承認這場失敗；一旦動亂再度燎原，他就能返回歐陸。然而，一八四七年的經濟危機已然煙消雲散，從一八五〇年起過渡到了一個經濟繁榮的階段，失業勞工找到工作，他們的革命衝動也因而軟化。如果經濟學家馬克思能仔細審視一下種種經濟數據，他或許會瞭解，繼續去鼓動貧苦大眾發動另一波叛亂，暫時是不太有意義了。

自從《新萊茵報》完成清算後，馬克思基本上是身無分文。他帶著再度懷孕的燕妮、三名子女和女傭海倫娜．德慕特暫時先安頓在一個供膳宿舍，某種難民收容所。他們曾多次被迫搬遷，直到一八五〇年在狄恩街二十八號找到一個附家具、有兩個房間的住處，接下來的六年都住在那裡。那條街位在蘇活區（SoHo），離市中心不遠（這對馬克思來說很重要），步行二十分鐘就能抵達大英博物館及其充滿傳奇色彩的圖書館。不過這個城區本身算是倫敦的貧民區之一，是個狹小、陰鬱、擁擠的貧民窟，那裡的空氣被成千上萬的壁爐所毒害。

在抵達之後，馬克思立刻展開一些倉促的政治活動。他參與了某個難民委員會的創立，發起幫助德國流亡革命者的捐款。善款確實從各方湧來，但除了唯一一次例外，馬克思本人卻是一介不取，因為這與他的驕傲並不相容，況且他也想避免任何自肥的嫌疑。

與此同時，他計畫創辦一份新的月刊，取名為《新萊茵報。政治經濟評論》（*Neue Rheinische Zeitung. Politisch-Ökonomische Revue*）。他打算讓這份刊物成為革命傳聲筒；他不想要由於被迫流亡，毫無抵抗地放棄自己在德國樹立的政論影響力。不過，由於他沒有其他一技之長，暫時也還不太會說英語，所以根本沒有其他的賺錢機會。他所熟悉的故鄉的新聞市場，是他唯一可以養家餬口的機會。但他也不難想見，每個德國的編輯室，只要膽敢刊出像他這種知名共產主義者或革命者的文章，必然會蒙受巨大的政治風險。顯而易見，創辦一份屬於自己的期刊，從英國遠端操縱德國政情，是唯一的出路。他先是找了一家出版商，這家出版商設在相對自由、獨立於普魯士的漢堡。接著他在一八五〇年出版了五期月刊。但這家出版商顯然不是很值得信賴，它基於不明原因遲延印製，這讓訂戶十分惱火，再加上帳目又弄得不清不楚，致使馬克思必須在財務方面未能取得任何成功下再度停止發行期刊。

另一方面，馬克思在倫敦也重啟了與共產主義者同盟的聯繫。在一八四八革命年期間，在德國曾有過長達數月的新聞與言論自由，當時馬克思認為共產主義者同盟是多餘的，因此不假思索地就解散了它們的科隆「鄉鎮」。如今他卻處心積慮地想為共產主義者同盟注入新生命，還打算透過聯繫住在科隆的朋友，設法重新建立「鄉鎮」。由於普奧兩國的警察都試圖監控逃往倫敦的流亡者，所有流亡者組織很快就被間諜所滲透，因此該組織都是隱密行事。遺憾的是，他們的保密工作做得太到家了，以致於有關馬克思及其戰友在這段期間的所作所為，我們所知不多。唯獨關於科隆「鄉鎮」的種種活動，德國大眾倒是很快就知道得一清二楚。

由於幾乎沒有值得一提的收入，馬克思給他的家庭帶來了一段可怕的歲月。他們先向雜貨店賒帳，在馬克思會見同志的酒館，人們也會讓他先掛帳。不過，為了保持信譽，有時他也必須支付部分欠款給那些債主。尤其是房租，他只能短暫拖欠，因為地主十分嚴正地警告，要是遲遲不交房租，就會把他們一家趕到街上。在這樣的情況下，馬克思只好把所有不必要的東西拿去當鋪典當，或開立借據或期票，藉以讓自己能夠獲得短暫的喘息。另一方面他也重施故技，再度向住在特里爾的母親施壓，要求她預付遺產。他揚言，如果母親不幫他，他就會返回普魯士讓自己被逮捕。然而，就連這類最後通牒的威脅也無效。

在一封信中，燕妮．馬克思曾經描述了那些年的某個苦日子：「我們請不起奶媽，儘管胸部和背部持續著可怕的疼痛，我還是決定親自哺育我的小孩。然而，可憐的小天使從我身上喝了許多的擔憂與沉默的傷悲，致使他總是生病，日日夜夜處在劇烈的痛苦中。自出世以來，他從未好好睡上一晚，頂多只睡個二到三小時。最近他更發生了嚴重的抽搐，以致這個孩子總是在死亡與悲慘的存活之間徘徊。在這樣的痛苦中，他吸得十分用力，致使我的胸部受傷、破裂；有時鮮血還會流進他顫抖著的小嘴。我們曾在冬天時付給女房東超過兩百五十帝國塔拉，還跟她以合約達成協議，往後錢不要給她，改給她的地主，之前她把房子抵押給了他。有一天我坐在家裡，女房東突然跑了進來，否認先前的合約，還要求我們把欠她的五英鎊還出來。我們一時之間拿不出錢〔……〕兩名扣押人走進屋裡，把我的東西都拿了去，床、內衣、衣服，所有的一切，就連我可憐孩子的搖籃、女孩們的玩具，也都不放過，她們則在一旁流著眼淚。在兩個小時裡，他們威脅要拿走一切；後來我被趕到屋外，與我那幾個挨凍的小孩，還有我那疼痛的胸部一同倒臥在地。施朗姆（Schramm），我們的朋友，急忙進城求助。他坐上一輛輕便馬車，馬脫韁而去，他從車上摔下，一邊流著血一邊把我們帶進屋裡，我和那幾個可憐、發抖的孩子就在屋裡痛哭。」[104]

苦難並非沒有任何後果。抵達倫敦不久後出世的兒子，海因里希・吉多（Heinrich Guido Marx），在這樣的環境下沒有存活的機會。在他剛滿一歲時，就死在一場自出生起就不斷折磨他的痙攣中。儘管如此，這個深為震驚的家庭，對於他的死卻是一點心理準備也沒有；就在前一分鐘，這個小男孩還對著父母露出了笑臉。當時他的母親再度懷孕，幾乎沒有多少時間可以讓她從震驚中慢慢復原。她的第五個孩子，法蘭西斯卡（Franziska Marx），在一八五一年三月二十八日出生。這個女兒也是體弱多病，同樣也在剛滿周歲時就夭折。

「這個可憐的孩子與死神搏鬥了三天」，燕妮・馬克思在回憶錄裡寫道。「她遭受了那麼多苦難。她失去靈魂的小軀體靜靜地躺在後頭的小房間；我們大家都聚在前面的小房間，當夜幕低垂時，我們睡在地上，三名尚在人世的子女和我們一起躺著，為冰冷的、死去的、靜靜躺在我們隔壁的小天使哭泣。愛女之死是我們最貧苦的一段時期。」這個家庭完全無法負擔安葬費，燕妮・馬克思寫著：「〔……〕我懷著忐忑不安的心跑去找一個法國難民，他就住在附近，曾來拜訪過。我請他在這個可怕的困境中伸出援手，他帶著最誠摯的哀悼立刻給了我兩英鎊；有了這些錢，就能買口小棺材，讓我可憐的孩子在裡頭安息。她在出生後就沒有搖籃，就連最後的小小住所，我們也早已無法給她。當她被抬到她最後的安息之地，我們又能如何呢！」[105]

馬克思也在一封寫給恩格斯的信中描述了這樁家庭悲劇，但語氣有所不同，他也沒聚焦在這個死去的女嬰身上：「上週我經歷了一樁你恐怕難以想像的破事。在葬禮那天，各方原本承諾的金錢全都沒有到位，為了能付錢給那些英國死狗，最後我被迫跑去找住在附近的法國人。〔……〕雖然性格堅強，但這樁破事卻重重地傷了我。」[106]

由於這兩起死亡事件中呼吸問題都扮演了重要角色，讓我們不得不懷疑，這兩個孩子的悲慘命運，可以部分歸咎於蘇活區惡劣的空氣品質。只不過就算知道，對於這個家庭也沒有幫助。因為，就算他們在某個較健康的城區或鄉間找到一個他們負擔得起的住處，他們此時也無法搬離。馬克思與燕妮在附近商家欠了不少錢，如果他們有任何計畫要搬遷的跡象，都會被看成企圖開溜，債主們鐵定會用盡一切手段阻止他們逃跑。

在這段災難歲月裡，這對夫妻也陷入了首次的婚姻危機。一八五一年六月二十三日，就在法蘭西斯卡出生三個月後，女傭海倫娜．德慕特也產下了一名男嬰。他被命名為亨利．佛里德里克（Henry Frederick），至於誰是這個孩子的父親，孩子的母親堅持不肯透露。後來恩格斯認了父親的身分，不過燕妮．馬克思恐怕很難接受這樣的說法；明眼人都很難否認，這個男孩與她的丈夫長得十分相像。在一八九五年恩格斯垂死之際，他曾向愛琳娜．馬克思坦白，她的父親就是亨利・佛里德里克的父親。恩格斯為了挽救卡爾與燕妮・馬克思的婚姻危機，跳出來為海倫娜・德慕特懷孕生子的事情負責。就連愛琳娜和她的姐姐蘿拉，在恩格斯坦白招認後，也都盡可能對這樁婚外情保持緘默，因為她們想要維護父親的名譽，避免對勞工運動造成傷害。直到二十世紀六〇年代，研究馬克思的專家們發表了一些相關書信，才讓這個家庭的祕密公諸於世。亨利・佛里德里克沒有機會得知這個祕密。他的母親必須把他送給其他的養父母，正如當時未婚生子的一般處理方式。或許是不想引起妻子任何進一步的懷疑，馬克思並不關心這個兒子的命運。有時亨利・佛里德里克會來探望他的母親，但他只能從後門進去，最多也只能待在廚房。恩格斯顯然至少曾經幫助他接受學徒培訓。據說在恩格斯的資助下，亨利・佛里德里克完成了軍械維修技工訓練，結了婚，領養了一個名叫哈利（Harry）的兒子；後來他的妻子離開他，他則在一九二九年過世。

不過，在這段倫敦的初始歲月裡，馬克思必須挺過的，不單是只有私人的戲劇性事件，還有政治的戲劇性事件。在共產主義者同盟裡，他越來越被孤立。忠於自己的歷史哲學信念，馬克思堅稱，在（很快就會到來的）下一回德國革命之後，小資產階級將會成為掌權者。他表示：「阻止小資產階級民主主義者達成這一點的權力並不在勞工手上。」[107]為了不讓資產階級濫用他們剛到手的權力來壓迫無產階級，無產階級必須結合成一個組織嚴謹的政黨。黨領導人所負有的任務就是捍衛勞工的利益，進而在歷經漫長鬥爭後，最終讓勞工取得政治的統治地位。馬克思雖未為此修改他理論的基本綱領，但卻修改了他的政治戰術。他從一八四八／四九年革命失敗中汲取的經驗告訴他，德國的勞工階級還遠遠認不清自己的歷史任務，還遠遠無法在一場勝利之後成功行使統治權。因此，接下來資產階級統治及無產階級對抗統治的這個階段，勢必會比原先預期的更明顯、持續更久。

所以，在馬克思眼中，要承諾共產主義者同盟很快就能奪權，是不對的。當前的要務，是在長期的教育計畫中讓勞工階級明白自己即將擔負的政治任務。奧古斯特・魏里許（恩格斯曾在他麾下於巴登的拉斯塔特和普魯士軍隊作戰過）反對這樣的看法。當時已成為共產主義者同盟領導者之一的卡爾・沙佩爾（Karl Schapper），則是主張一些遠遠沒有那麼複雜的觀點：一場迅速而直接的無產階級革命勝利。馬克思言簡意賅地描述了這場衝突：「當我們告訴勞工：為了改變境況，為了讓你們自己有能力統治，你們得歷經十五年、二十年、五十年的內戰；這無異於告訴他們：我們必須立刻掌權，要不我們就回去躺著睡覺。」[108]不過，如同在馬克思人生中常見的那樣，這場衝突中競爭感也扮演了某種角色；他的領導欲和習於發號施令的前軍官魏里許的領導欲，兩者相互排斥。

在這場共產主義者同盟內部的權力鬥爭中，馬克思有個嚴重的缺陷：他始終很少去經營與成員們的關係。關於勞工和工匠的世界，他在理論上可以說出一大堆東西，然而實際上，那個世界對他來說其實是十分陌生的。他是一個偏好傳統生活方式的革命者。雖然窮，他還是會設法讓自己保持中產階級的體面，他會聘雇女傭，穿著西裝和小禮服；由於近視的緣故，他還會配戴卡在眼部的單片眼鏡。此外，他的演說和文章也都帶有學者的調調。相反地，魏里許和沙佩爾是沒有家累的職業革命家，他們不會整天泡在圖書館，而是耗在集會或酒吧，與舊的追隨者會面，並招募新人。他們生活在無產階級的環境中，說著他們的語言。這也難怪，在共產主義者同盟一次分裂後，他們把大部分的成員都拉到了他們那邊；有別於馬克思與恩格斯，在倫敦只剩少許忠心耿耿的擁護者留在他們身邊。

馬克思與恩格斯這對朋友的不安感急遽升高。如果到處都是奸細，從前的朋友也反目成仇，他們還能夠相信誰呢？也因此，在招募新人時，他們對可能的追隨者進行了嚴格測試，其中不單只是檢驗候選人的政治信念。以威廉．李卜克內西（Wilhelm Liebknecht）為例，他後來成為關係緊密的伙伴，一八六九年更在艾森納赫（Eisenach）創立「德意志社會民主工人黨」（Sozialdemokratische Arbeiterpartei Deutschlands，簡稱 SDAP），他回憶在他們第一次見面時，自己「不僅被用問題，還被用手指」測試。那時馬克思對顱相學（phrenology）頗感興趣：那是由醫生兼解剖學家法蘭茲．約瑟夫．蓋爾（Franz Joseph Gall）發展出的一門學問，這門學問宣稱從一個人的顱骨型態就可以推斷出他的大腦型態，藉以推斷出性格與智力。因此，馬克思委託他的老同路人卡爾・芬德（Carl Pfänder），一位來自海布隆（Heilbronn）的畫家，在他的「同盟」裡擔任官方的顱相學家，負責對可能的未來戰友進行評估。但馬克思卻不會因此閒著，誠如李卜克內西所述，他也會用手指「有模有樣地在我的頭上摸來摸去」[109]，藉以查清受試者的真實性格及天賦。

一八五〇年夏天，兩人的財務狀況已經無望到，他們甚至興起移民美國的念頭。但他們籌不出橫渡大西洋的旅費。到了秋天，恩格斯決定寫信給在巴爾門的父母，他向父母表示，自己已與馬克思及共產主義決裂；在浪子回頭的情形下，他希望能為設在曼徹斯特、父親持股的「艾爾曼與恩格斯」紡織廠工作。這對恩格斯與馬克思來說，都不是個容易的決定。對恩格斯來說，這個決定代表了告別倫敦這個知識與政治中心，到偏遠的曼徹斯特擔任經理，參與對紡織工人無情的剝削，這點完全違逆他個人的政治和道德理念。對馬克思而言，這個決定則代表了他敬重其心智能力、且完全信任的唯一一位戰友將離開他身邊。在往後的十九年間，這兩位朋友內容豐富且十分頻繁的書信往返，完全顯示出他們有多麼惦念彼此熱絡的往來。

恩格斯的父母當然不完全相信自己的兒子會突然「幡然悔悟」，但他們還是想給他一個機會。在很短的時間內，恩格斯就搖身一變，成了父親得力的利益代言人。在公司會計上，艾爾曼家族顯然動了一些對遠在天邊的股東老恩格斯不利的手腳，這時被小恩格斯發現並予以譴責。一個月後他還洋洋得意地寫信給朋友馬克思說道：「彼得・艾爾曼（Peter Ermen）在這裡走來走去，活像一隻尾巴被捕獸夾困住的狐狸，試圖把我趕走。」半年後他已是父親不可或缺的左右手，於是，除了一份薪水以外，他還獲得了「每年高達約兩百英鎊的交際費」。[110]憑藉這筆日後還不斷增加的收入，恩格斯不僅在曼徹斯特過上一位令人尊敬的商人的生活，資助自己的愛爾蘭生活伴侶瑪麗・伯恩斯及其姊妹的生活費，就連遠在倫敦的馬克思一家也都雨露均沾。

有關這兩位意志堅定的革命伙伴的工作分配，在商務與日常實際事務方面擁有過人才華的恩格斯，扮演了資金提供者的角色，他讓馬克思可以專注於寫作，實現他們共同的政治目標。馬克思曾經寫道，他們會共同「經營一家公司，在那裡頭，我會把自己的時間花在理論和黨務上」[111]，至於他的同伴，他巧妙地暗示著，則負責籌錢。由於馬克思夫婦的財務管理十分混亂，如今我們很難準確重建，當時前前後後從曼徹斯特匯往倫敦的金額總共有多少。據推測，從一八五〇到一八六九年期間，大約匯了三、四千英鎊；換算成今日的幣值，約在三、四十萬英鎊之譜。如若沒有恩格斯的慷慨解囊，馬克恩或許就無法寫出後來的《政治經濟學批判》與《資本論》等作品，甚至於他的家人能否活下去，恐怕也都會是個問號。

馬克思所遭逢的下一個沉重打擊來自德國。行事隱密的共產主義者同盟的科隆「鄉鎮」，原本不顧魏里許與沙佩爾，堅定地站在馬克思這邊，但這個祕密會社卻被警方破獲，成員無一倖免全都遭到逮捕。國王腓特烈．威廉四世本人突然心血來潮（這件事情馬克思可能不曉得，不過如今的歷史研究倒是從相關記錄中清楚得知），要在一場公開審判中讓自己的子民親眼看看，有一項錯綜複雜的共產主義謀反運動正在試圖推翻他的政府。他委託了一名只對他個人負責的特務，不擇手段地設法找出足以證明這項陰謀的罪證。這位特務名叫威廉．史蒂柏（Wilhelm Stieber），曾在刑事法庭擔任過助理，完全不是什麼善類。在開始擔任國家公務員的頭幾年，他就曾被控刑求囚犯與濫用職權。就連國王本身也逾越了合法範圍。根據他在兩年半前親自為這個國家頒布的憲法，國王必須向內閣告知自己的行動，但他並未完全坦白以自身名義所做的事情。

這場有十一名被告受審的審判一點也不公平。被告們分別被單獨關押了超過一年，也被阻止或禁止與他們的律師對話，就連他們的妻子，也只能在受監視的情況下與他們交談。馬克思試圖遠從倫敦擔任法律顧問，遺憾的是，他的許多書信都被普魯士警察攔獲。儘管如此，這場審判並未按照國王的意思發展。人們很快就明白，看似十分危險的共產主義者同盟，其實只是個無望、分裂的小團體，一般人絕不會認為它會對國家造成什麼嚴重威脅。然而，威廉．史蒂柏卻提出了據稱是共產主義者同盟的會議記錄，想藉此證明馬克思與其同伴具體的顛覆計畫。那都是些粗製濫造的偽證，無論是馬克思還是魏里許，都在倫敦努力奔走，設法為在科隆的辯護人提供揭穿史蒂柏謊言的證據。法庭也的確認為這些提交的會議記錄不無問題，不願採信它們。恩格斯相信，這場審判「不會在科隆的同志被判刑中、而會在史蒂柏先生因偽證而被逮捕中」落幕。[112]但陪審員卻只無罪釋放了四名被告，其餘七名則分別被判處三到六年不等的徒刑。法庭宣判後，科隆當地發生了騷亂，民眾們上街抗議審判不公。儘管費盡心機，國王卻未能達到讓子民看清共產主義陰謀的目的。不過，這時馬克思卻也心知肚明，他現在幾乎沒有追隨者了，而普魯士也肯定會毫不手軟地用盡一切手段來對付他。

他所經受的幻滅十分巨大，這也反映在他的行為上。他解散了共產主義者同盟，在往後幾年暫時從政治的舞台上退下。他不再去幻想歐洲大陸上的戰鬥能夠快速復活，並承認流亡中的革命者與其政治組織有多麼無助。告別政治後，他變得十分孤單。像是威廉・沃爾夫、卡爾・芬德或年輕的威廉・李卜克內西等長年的伙伴，是他還保持往來的少數幾位活躍分子。他也以通信的方式與恩格斯延續彼此友誼。除此以外，再也沒有其他人和他有所往來。在這樣的自我壓縮中，還包含著某些馬克思本人的藐視。儘管他受夠了流亡者圈中的陰謀、爭吵與自我毀滅，但他卻也未曾尋求與英國知識分子的接觸。他寧可過著幾近隱退的生活。

取而代之，他專注於確保家人的生存。他接受了可以讓他待在倫敦的新聞工作，開始為不同的報章雜誌擔任駐英通訊記者。《紐約每日論壇報》（*New York Daily Tribune*）是他最重要的客戶，該報可算是當時美國檔次最高、最具影響力的日報。在此期間，馬克思獲得了大英博物館閱覽室的閱覽證，從那時起，那裡成了他真正的工作室，他每天都會在裡頭至少待上十個小時進行研究或寫作。圖書館的工作人員很快就跟他熟識，有時其他人坐了他常坐的位置，他們還會向他表示抱歉。

弗里德里希・恩格斯與卡爾・馬克思及其女兒，一八六四年攝於倫敦

只不過，起初他的英文還不夠好；不惡補一下，他根本無法勝任工作。於是他將《紐約每日論壇報》的第一件大型委託案——寫作一系列關於一八四八年革命始末的文章——轉交給人在曼徹斯特的恩格斯；他利用在紡織廠工作結束後的下班時間撰寫了那些文章。這一系列報

導都以馬克思的名義發表，編輯室對於那些文章很是滿意。後續的委託馬克思決定由自己放膽一試，儘管他還是讓恩格斯幫了他一把，尤其是在軍事主題方面。除了《紐約每日論壇報》以外，他另外還為三、四份其他的報章雜誌撰稿。從幾個編輯室收到的稿費，其實已足以支應一個中產階級的生活；只不過，在剛到倫敦的頭幾年裡所積下的鉅額欠款連同利息，讓他負擔極大。此外，馬克思夫婦的持家能力也不是很好，這也就是為何他們還得持續接受恩格斯的接濟。一八五五年一月，隨著愛琳娜的出世，馬克思一家迎來了第六個子女，她也是這個家唯一在倫敦出生、日後也長大成人的嬰兒。這時馬克思家除女傭外又雇了一名奶媽。此外，他們還把兩個年齡較長的女兒送往私立學校就讀，並為她們聘了語言和音樂老師。災難性的貧窮似乎已成往事，如今馬克思可望過上他一直較偏好的、較為安定的生活。

然而，不幸的事卻沒完沒了。一八五五年三月，當時已八歲大的艾德嘉不幸染病，發起高燒，演變成如馬克思所說的，他們「家族遺傳典型」的「下腹肺癆」。[113]馬克思從不諱言，在眾多子女中，他最喜歡的就是這個男孩。到了四月六日，他就死在馬克思的懷裡。威廉・李卜克內西曾寫道：「我忘不了那個場面。母親伏在死去的孩子身上啜泣，女傭嗚咽地站在一旁，心情十分激動的馬克思狠狠地、幾乎是憤怒地拒絕一切安慰，兩個女孩依偎在母親身邊輕聲哭泣，悲痛欲絕的她緊緊抱住她們，彷彿她想護住她們，別讓已奪走她兒子的死神再來搶走她們。」兩天後舉行葬禮時，李卜克內西小心翼翼地站在馬克思身旁，因為他擔心，這位完全失控的父親「會跟著棺材一起跳進墳墓裡」。[114]

馬克思從不諱言對兒子的偏愛。在某封一八五一年時寄給恩格斯的信裡，馬克思於結尾處寫道：「很遺憾地，我的妻子產下的是個女孩，不是男孩。更糟的是，她的健康因而嚴重損傷。」[115]四年之後，他又寫了信向住在曼徹斯特的朋友抱怨道：「昨日早上的六到七點之間」他的妻子「產下了一個真正的過客；可惜『性別』不對〔……〕。如果是個男的，事情就會更好。」[116]他或許很傳統地把艾德嘉視為家裡傳宗接代的關鍵人物，因此艾德嘉的死對他是個極為嚴峻的打擊。他寫信告訴恩格斯，自己「挺過了所有倒楣的事，但如今我才知道，什麼是真正的不幸。我覺得整個人都崩潰了。」[117]四個月之後，在另一封寫給費迪南德·拉薩爾的信裡，馬克思表示：「我兒子的死深深震撼了我的心和腦，我所感受到的失落至今依然如事發當日那樣鮮明。」[118]馬克思需要一段很長的時間才能從這場命運打擊中復原；他明顯露出了憂鬱跡象，決定放棄在蘇活區的住處，一方面是因為想徹底擺脫該區對健康的危害，另一方面則是因為這裡有太多事物會讓他想起艾德嘉。

他在倫敦北部，格拉夫頓特勒斯大街（Grafton Terrace）九號，找到了一間租金便宜的大房子。燕妮所獲得的小額遺產，讓這個家總算能擁有屬於自己的家具。儘管如此，搬家卻讓馬克思又立刻陷入下一個更深的財務困境；雖然除了新聞工作，他當時還與恩格斯共同接下一份編寫百科全書的工作，並獲得相當不錯的報酬。他不得不再次寫信給恩格斯，告訴他自己目前火燒屁股的窘境，如果無法趕緊透過匯款從曼徹斯特那裡獲得援助，他很快就會完蛋。在這當中，為數可觀的醫生帳單也是一大因素。卡爾與燕妮．馬克思雖然已屆中年，但他們從來就不好好照顧身體，致使生病的次數越來越頻繁。馬克思的肝和膽都不太健康，還為嚴重的痔瘡和齲齒所苦，此外，他的皮膚也開始會劇烈疼痛，有時還會形成大面積的膿瘡，所謂的「癰」。如果受影響的是臀部，他可能有數日或數週都得在工作時痛苦地坐著。醫生開給他的藥主要是砷製劑；根據今日的醫學知識，那些藥劑對他的毒害顯然大於治療。他的不少症狀其實都具有身心症（psychosomatic disease）的性質，這點馬克思自己也很清楚。他曾表示：「我的病總是來自腦袋。」[119]不過，這樣的洞察卻也未能減輕他的痛苦。

自從來到倫敦後，就連燕妮也會經常抱怨自己不穩定的健康狀況。有時她會小小的不舒服，有時則出現嚴重的疼痛。她幾乎從不覺得自己是健康的；多次懷孕讓她身體虛弱，也是其中一項重要原因。馬克思說「這一切全是神經的投訴」。[120]在此期間，她服用了種類繁多的藥品，但她可能並非總是遵照醫生的指示服用。

一八五七年七月六日，在歷經艱難的、伴隨著數次生病的懷孕期後，燕妮．馬克思產下了她的第七個、也是最後一個孩子。馬克思寫信告訴恩格斯，那個孩子沒能活著，在出生後不久便夭折了。對此他做了一些模糊的描繪：「〔……〕部分直接與此有關的情況給了我一些恐怖的想像；部分導致這種結果的情況構成了痛苦的回憶。」[121]這個夭折的孩子可能是個畸形兒。馬克思懷疑，她的妻子在懷孕期間濫用藥物是主因。但這只是猜測。十天後馬克思已能平靜地面對這次的死產，但他的妻子還是難以平復心情：「我太太的身體好了一些；但她還是一直躺著，而且極度悶悶不樂；我不能怪她，雖然這讓我很生氣。」[122]

到了一八五〇年代末期，儘管數度遭逢不幸，馬克思對政治的熱情卻又死灰復燃，其中有兩個主要的原因。第一個原因是歐洲與北美的經濟在一八五七年底又面臨新一波嚴重的衰退。馬克思與恩格斯認為這是明確無誤的革命徵兆。儘管恩格斯位於曼徹斯特的公司明顯受影響，同樣受經濟危機波及的《紐約每日論壇報》也縮減了馬克思的酬勞，但這對好友卻對每則指出經濟情況持續惡化的報導振臂歡呼。馬克思的熱情，在癱瘓許久後，如今又回來了。他把希望主要寄託在銀行的崩潰，誠如他非常自信地認為，這樣一場崩潰會讓整個歐洲野火燎原。然而，「金錢恐慌的爆發」最終並未發展到他所指望的那個程度。倫敦的「城市惡棍」（Citygesindel）[123]成功地讓金融市場回復平靜，並未發生什麼勞工起義事件。

另一個讓馬克思的政治能量甦醒的原因，則是出身於佛次瓦夫（Wroclaw）某個猶太家庭的費迪南德．拉薩爾。馬克思先前在科隆時便認識他，還在《新萊茵報》上登過他的文章。拉薩爾當時才二十三歲，卻已逐漸嶄露頭角。從未取得法律學位的他，居然當起了年齡大他將近一倍的女伯爵蘇菲．馮．哈茨菲爾德（Sophie von Hatzfeldt）的法律顧問；在於當時時空背景下被認為十分丟人的數個訴訟中，蘇菲．馮．哈茨菲爾德試圖要與丈夫離婚，她的丈夫顯然騙了她，也侮辱了她。拉薩爾花了將近九年的時間，很努力地打這場官司，他甚至還支持竊取可能的證據；也因此，他在一八四八年時被監禁半年。

無論是那些訴訟、還是牢獄之災，對拉薩爾來說其實都是一些關係重大的幸事。在那位女伯爵成功離婚後，女伯爵給了她一筆養老金做為答謝，這筆養老金讓他終生都不必再為錢煩惱。另一方面，由於革命年的大部分時間他都在牢裡度過，在舊政府勝利之後，普魯士當局找不到什麼可以對付他的把柄。也因此，他成了少數幾位不必流亡的德國無產階級領導人人選之一。由於他是個卓越的演說家，完全不羞於煽惑人心，還曾做過大範圍的巡迴演講，讓他很快就躋身全國最重要且最知名的勞工領導人之列。然而，他同時卻也盡可能與勞工圈子保持距離，寧可當個優雅的花花公子。根據今日的說法，他或許會被人稱為懂得如何作秀、裝模作樣的左派民粹主義者。

對馬克思來說，拉薩爾既是個機會，也是個挑戰。馬克思通常都不太瞧得起他的追隨者，他經常會喟嘆他們的才學有限。即使是最重要的伙伴，像是後來的創黨人威廉・李卜克內西，他都喜歡把他們貶為傻瓜、笨蛋或白癡。然而除了恩格斯以外，在所有長期擁護他且未被他的霸道和貪權所嚇跑的人當中，拉薩爾無疑是少數高度聰明且富有政治才華的人。此外，拉薩爾在德國還有很好的人脈；他曾利用他們，居中為馬克思及恩格斯與出版商建立聯繫的管道。

一方面，馬克思認為，拉薩爾是重新獲取對德國勞工影響力的一個機會。此時拉薩爾在德國勞工間的知名度遠遠高過他自己，身為一個伶牙俐齒的社會主義傳教士，拉薩爾幾乎享有宗教般的崇拜。拉薩爾在這種機會下把馬克思歌頌成被放逐到遙遠倫敦的、偉大而智慧的共產主義先驅，這有利於馬克思。另一方面，與恩格斯相反，拉薩爾並不屈從於馬克思的理論設定或政治指導。拉薩爾雖然把馬克思視為重要的先行者與頗能激勵人心的對話伙伴，但他卻自信地走著屬於自己的、迎向社會主義未來的道路。尤其是，他並沒有馬克思那種國際主義的觀念，他所追尋的是民族的、普魯士的目標。他甚至還打算讓無產階級與封建領主結盟，與普魯士的強人俾斯麥結盟，藉以對抗資產階級；在他看來，資產階級才是資本主義真正的牟利者。他不相信解放革命及由此而來的無階級社會；他相信的是一種專制統治的、集體主義的國家，在這個國家裡，君主會運用自己的權力去額外造福勞工。

馬克思對拉薩爾的關係，可說是高度地矛盾。他欽佩他遠高於自己的組織才能。他羨慕他能在勞工運動中點燃熱情；而它們的理論基礎則是他，馬克思，所創造的。可是他猜疑拉薩爾的機會主義；為了成功，拉薩爾隨時都願意把近乎所有的政治基本原則都拋到地上。他也鄙視他過度的虛榮心和靠不住的裝腔作勢。不過，這並不妨礙他同樣也向拉薩爾周轉；而這也讓他對他的依賴，連帶地，還有對他的心防，進一步升高。

一八六〇年年初，拉薩爾對馬克思提出了一個讓他嚇一跳的雙重建議：他希望和馬克思以《新萊茵報》為典範共同創辦一份新的報紙；一旦普魯士大赦四八年的革命者，他就立刻邀請馬克思去柏林。過了幾個月之後，普魯士果然宣布大赦，但馬克思卻無法離開倫敦，因為他的妻子，儘管兩度接種了疫苗，罹患了天花。三個女兒必須立即離開家裡，她們暫時被安頓在威廉·李卜克內西的住處。足足有一個星期，燕妮一直徘徊在生死之間。先是由女傭海倫娜·德慕特和馬克思一起照顧她，後來馬克思籌到了一筆錢，立刻又請了一名專業護士來幫忙。

直到他的妻子差不多復原，馬克思才動身前往柏林。長袖善舞的拉薩爾帶著他的客人遊覽了這座城市，連同其他的貴客隆重地舉辦了一些歡迎晚宴，也邀請他欣賞歌劇，幫忙處理申請重新歸化普魯士的事宜。所有的這一切都讓馬克思受寵若驚。儘管如此，最後他還是決定反對這項創辦新報的計畫。拉薩爾堅持要在未來的報社擔任與馬克思平起平坐的編輯，因此在編輯室裡與他在政治路線上的頻繁衝突是可預見的。此外，普魯士當局完全沒有要網開一面的意思，無論如何都不想讓一個惡名昭彰的革命者回復他的公民權。在這樣的情況下，身為一位無國籍人士，馬克思日後恐怕無時無刻都得擔心自己會被立即驅逐出境。最後，移居柏林的想法會讓三個女兒陷入恐慌；對她們來說，普魯士是個陌生的、可怕的外國。

不過，真正與拉薩爾分道揚鑣，卻是要等到一年之後，當拉薩爾前來倫敦回訪之際。這時馬克思失去了他在新聞工作方面最重要的委託者。在美國南北各州之間爆發內戰後，《紐約每日論壇報》由於經濟原因不得不辭掉他。在這樣的情況下，馬克思沒有固定收入，陷入了類似剛到倫敦那幾年的嚴重錢荒。原已成為過往的負債惡夢再度回歸，這點尤其讓他的妻子日益深陷憂鬱與絕望中。儘管如此，由於先前到柏林曾住在拉薩爾家，這時馬克思覺得自己有義務邀請這位前來倫敦參觀世界博覽會的客人住在自己家裡。

拉薩爾這位揮金如土的花花公子（在滯留倫敦期間，他揮霍了一筆不小的財產）與財務吃緊的馬克思家（他們一家只能勉強維持過得去的外表），兩者的對比必然是荒誕的。拉薩爾一直沒注意到，或至少故意忽略他的東道主面臨的財務困境，居然還對馬克思表示自己投資股票賠了五千塔拉，卻一點也不心疼。在他離開不久前，才稍稍補貼了馬克思十五英鎊，這時他也拿不出更多的錢。然而，他竟漫不經心地允許馬克恩，以他的名義開立票據；這也導致了後來還債的問題，讓他們之間起了爭執。在那之後，馬克思曾喋喋不休地向恩格斯咒罵拉薩爾：「那個猶太黑鬼拉薩爾，幸虧他在這個週末離開了，〔……〕就算願意付他利息，他卻寧可把錢丟進糞土，也不肯接濟『朋友』。他認為，自己必須活得像個猶太男爵或受封男爵的猶太人。」[124]

就連當拉薩爾在一八六三年五月於萊比錫創立了「全德意志工人聯合會」（這是德國早期大型的勞工政黨之一，後來成為今日「德國社會民主黨」〔Sozialdemokratische Partei Deutschlands；簡稱：SPD〕在組織上的根源之一）時，馬克思也與他保持距離。他當然曉得拉薩爾藉此能夠取得怎樣的權力地位。只不過，他不但認為，在政治方面拉薩爾想與俾斯麥合作的意願基本上是錯誤的，而且他還覺得，在理論方面拉薩爾剽竊他的想法。他打算暫時先不對聯合會的成立做出回應，繼續專心收集對付拉薩爾的材料。一旦拉薩爾抨擊他對「全德意志工人聯合會」沉默不語，他就要公開指出這個新政黨與真正的共產主義一點關係也沒有，拉薩爾根本就是個不要臉的點子小偷。

但這一切都沒有發生。在某次的療養之旅中，拉薩爾愛上了後來成為作家及演員的海倫娜・馮・杜尼格斯（Helene von Dönniges）。遺憾的是，她的父親拒絕了他們的婚事，且無論在法律或政治方面如何施壓，他都不肯改變心意。於是，在一八六四年八月，拉薩爾要求與他進行決鬥。由於年事已高，她的父親將這項決鬥要求轉交給他女兒本來的未婚夫。拉薩爾在決鬥中嚴重受傷，三日後不幸身亡。當馬克思與恩格斯得知拉薩爾的死訊時，儘管懷有極大的蔑視與反猶太的怨恨，他們還是深感震驚。恩格斯曾寫道：「撇開人格、文學、學術方面不談，就政治方面來說，拉薩爾在德國肯定是最重要的人物之一。他現在對我們來說是個不確定的朋友，未來則是個確定的敵人；不過無論如何，當一個人見到了，德國如何毀滅極端黨派中所有稍微有點能力的人，他還是會受到嚴重的衝擊。想想那些工廠主與進步派混蛋會發出怎樣的歡呼——拉薩爾是他們在德國唯一害怕的傢伙。」馬克思用類似的憂鬱語氣回信：「這些天，拉薩爾的不幸，該死地，一直縈繞在我的腦海。他畢竟還是〔……〕我們的敵人的敵人之一。」這時馬克思認為，拉薩爾算是自一八四八年起少數幾個堅定不移地投入勞工運動的人之一：「願魔鬼知道，這群人的規模越來越小，沒有新的補上。」125

事實上，在這個時點，馬克思對拉薩爾所做的徹底總結應該是清醒的。他已經四十六歲，有整整二十年時間，他一直全心投入致力於一個共產主義的未來理論與政治方面的工作。然而，隨著拉薩爾的死，德國的勞工運動也失去了它最活躍且最成功的開路先鋒。除了被他視為失敗者的威廉・李卜克內西，馬克思並沒有與德國其他社會主義領袖的聯繫管道。待在英國，在政治上他可說是完全孤立。他對其他國家的共產主義社團沒有影響力。至於工作方面，他的前景更是黯淡。他擔任駐倫敦通訊記者的收入在過去幾年中消融殆盡，他所寫的書無一例外，全都失敗收場。他負債累累，用罄了所有可以借貸的機會，若是沒有恩格斯持續的支持，他的家人恐怕就要餓死。他妻子的身心都已接近崩潰邊緣；此時她已年屆五旬，幾乎每天都對他說，自己再也無法如此生活下去。然而，就連他自己，其實也正為不太有希望治癒的疾病所折磨。

阿爾及爾VII：實驗花園

他不得不壓抑自己的好奇心幾天。《彼得大帝號》在復活節週日駛進了港灣，但狂風暴雨卻暫時不允許他走太遠。接著，復活節過後的星期三，太陽終於撥開烏雲，他立刻夥同費梅前往阿爾及爾市區。路面雖然濕重，不過風裡還是有些細微的紅色沙塵會跑進眼睛或鼻子裡。費梅表示，這些沙來自撒哈拉沙漠，有時會橫越海洋被吹送到法國，甚至更遠的地方。當他們快走到港口時，碼頭上早已擠滿了好奇的圍觀民眾。不過，從大道上看過去，他們還是可以輕易欣賞到那艘令人驚嘆的戰艦。他們站在往欄杆擠的人群中，觀看甲板水手們的操演。《阿爾及利亞箴言報》（*Moniteur de l'Algérie*）寫道，軍官們以不帶口音的法語問候每日數百名登艦參觀的民眾。然而，在乾熱的西洛可風（sirocco）吹襲的那些日子，即使在港灣裡，海面仍是不平靜；搭乘駁船划向那艘灰色巨獸的舷梯，並不是什麼特別吸引人的事。

下一個計畫誕生於下午，在眾人於維多利亞旅店的餐廳一起用餐之際。卡斯泰拉女士和她的兒子決定前往實驗花園（Jardin d'Essai）一遊。天氣變得很暖和，但因有風，倒也不至熱得令人透不過氣，是郊遊的理想天氣。克勞德女士詢問能否一同前往。她在《小殖民》上讀到，當天下午在植有梧桐樹的廣場將有軍樂隊表演，屆時必然會吸引這個城市裡的不少民眾前往觀賞。接著卡斯泰拉先生轉而詢問他，是否願意與他們同行？最遲在傍晚六點就會回到飯店，絕對趕得上晚餐。

他立刻答應了。費梅先前已曾多次詳細介紹過這座著名的實驗花園及其歷史。花園在下穆斯塔法（Mustapha Inférieur）東邊，郊區的下半部，距離阿爾及爾的城牆大約有兩哩之遙，位於大海與山坡間的平坦海濱地帶。在那裡工作的杜蘭多（Durando）教授是費梅的一個朋友，最近正為實驗花園的未來感到憂心忡忡。數十年來，這座公園一直是做學術研究之用，植物學家不僅為好奇的民眾種植了遠從世上最遠的角落收集來的各種植物，另一方面也在實驗其他大陸的哪些經濟作物能夠適應阿爾及利亞的風土，藉以促進這個國家的農業經濟。

過去很長一段時間，這座公園就宛如歷任總督的掌上明珠。杜蘭多教授可以安心倚靠他們充滿關愛的、堅定的財務支援。他在實驗花園培育了一般只能在潮濕的叢林裡生長的香蕉，或是來自中國的芋頭，來自南美的菸草，再以優惠價出售給法國的殖民者。在美國南北內戰期間，南方各州的棉花生產崩潰，棉花價格一飛沖天，一時間人們紛紛前來要求杜蘭多教授提供他們棉花作物。他甚至在阿爾及利亞的仙人掌上成功培育了墨西哥的胭脂蟲（Dactylopius coccus）；牠們的胭脂紅酸可以提煉出美妙的胭脂紅。然而，某個寒冷的夜晚殺死了所有胭脂蟲；美國內戰結束後，棉花的價格也立刻下跌；此外，種出來的芋頭和香蕉，品質也不夠好。從那時起，如費梅所述，人們又開始在阿爾及利亞種起了大麥和小麥，一如既往，它們雖然不能保證有大的產量，但卻會有一個安全的產量。

然而，在這種情況下，人們為何還需要一個所費不貲的實驗花園呢？起初，花園的預算一再遭到刪減。後來總督卻出乎杜蘭多教授意料，將花園託付給「法非公司」（Societé franco-africaine），條件是日後它必須承擔維護費用，並開放花園給一般民眾參觀。做為回報，這家企業可以將花園占的一部分占地分售出去，做為建築用地。也因此，這座植物界珍寶的部分區域，如費梅所指出的，不久之後就會消失；儘管這座花園是阿爾及爾唯一一個起作用的學術機構，也是吸引前來療養的客人的一個重要景點。

先前費梅曾三度邀請他去參觀這座花園。在某幾個週日，杜蘭多教授會親自為前來參觀的民眾做導覽，人們總是對他學識淵博的解說讚譽有加。

只不過，當時史蒂芬醫生斬釘截鐵地禁止他去參觀，因為身體狀況恐怕負荷不了那些勞頓，他必須放自己一馬。如今他的健康情況已然好轉，醫生已不再像剛發生咳血危機時那麼嚴格地限制他，況且，他們並不打算參加長達數小時的導覽行程，只想來場悠哉悠哉的午後鄉間派對。在用完午餐後，他們隨即動身。沿著街道往下朝下穆斯塔法漫步，接著在那裡等候馬拉街車。在進入公園前，他們先在入口處附近一家摩爾人開的露天咖啡店歇著。他們坐在幾張簡單的凳子上享受陽光。一杯咖啡需要幾蘇錢（sou；譯按：「蘇」為從前法國的一種低值錢幣），很甜，不過倒還蠻好喝的。每個人都獲得了屬於自己的一隻小壺，小壺直接用明火加熱，店主首先在火上將糖融化，接著加水短暫地煮沸只大致研磨了一下的咖啡。

阿爾及爾的實驗花園，攝於一八八〇年左右

他很享受這段短暫的停留，疾病與天氣把他鎖在房裡太久了。旁邊大概有一打的摩爾人，盤腿圍坐在幾張低矮且未刨光的桌子邊打牌。他盯著他們，彷彿是在欣賞什麼精彩的表演。由於他不懂他們在說些什麼，他們的出現就更令他印象深刻。當中有些人穿得很體面，甚至可說十分華麗，有些人卻是衣衫襤褸，不過這樣的差異在他們的互動中似乎無關緊要。他們每個人的行為舉止中流露出了顯著的尊嚴與無條件平等的意識；儘管未必是在財富或地位上，但或許是在人格上。這種認同感與歸屬感自然是種溫床，它孕育了對占領其家園的殖民者的怨恨，孕育了有朝一日驅逐異教徒的希望。儘管如此，如果沒有一場革命運動，他們都將會下地獄！

最終，女士們催促著要啟程。一踏進公園的入口，就有一條壯麗的梧桐木大道迎接他們的到來。樹木肯定至少有二十公尺高，它們就像一群巨人，密密麻麻地擠在路旁。他不禁想起在巴黎的幾座公園。他回憶起費梅先前跟他說過的關於這座花園的歷史；這座花園其實才年過四十，但那些巨大的樹幹看起來，就彷彿有史以來就一直矗立在那裡。走著走著，有輛附遮陽棚的雙馬觀光馬車從他們身旁駛過，他突然覺得，自己彷彿像在某個夏日裡置身於法國的某處。

不過，他們只要轉個彎，再稍微往前走幾步，走進另一條平行的大道，就會立刻抵達另一個世界。在這裡，沿途交替種植了棗椰樹、扇葉棕櫚和龍血樹。據說，這裡的樹木原本都是一般高，不過生長較為迅速的棗椰樹，目前已遠遠高過其他兩種樹木。龍血樹的某些分枝顯然十分沉重，導致它們從母幹上長出的地方形成了無數裂隙，那些裂隙充滿了會令人聯想到紅色鮮血的汁液。在許多樹木身上，攀緣植物一路纏繞到樹梢，賦予了它們一種奇特、詭異的外貌。

這條大道直通緊鄰海灘的一大片棕櫚樹林，這片樹林被相當貼切地取名為「綠洲」。那裡的海呈深藍色，海上有幾艘漁船慵懶地在波浪中搖晃著。他很享受海水的味道。從棕櫚樹的陰影穿過略微彎曲的海灣，望向閃閃發光的白色城市，構成了一幅別具韻味的美景。如雷的濤聲與海鷗的鳴叫迴盪在空中。遠處海面上，一艘還看不見的、往阿爾及爾駛來的汽船，露出了它的煙囪。

他們花了好一會兒功夫，才肯放開眼前的美景。回程時，一行人決定取道一條種植木蘭植物的大道與一條無花果樹的大道。這兩條路又被分別植有藍桉、纖維棕櫚和竹子的幾條大道所交錯，其中竹子大道特別令人印象深刻。那裡的路面約有五、六公尺寬，可是左右兩邊的竹子長得又密又高，它們漂亮的葉子就在行人的頭頂上相互交錯；從底下走過，就彷彿穿過一條迷濛的隧道。

在一個被梧桐木圍繞的圓形廣場，報上所說的軍樂隊終於擺開陣勢。樂隊是由一名身穿普通法國制服的下士指揮。相反地，樂手們，一些普通的士兵，則是穿著東方剪裁的紅白燈籠褲，靴子上還打著扣住褲子的白色羊毛綁腿，頭上則帶著紅色的非斯帽。克勞德女士說得沒錯，這場音樂會的確從城裡吸引了大量民眾來欣賞。在數週的狂風暴雨後，眾人耐心地站在太陽下，一邊享受溫暖、一邊安靜聆聽。

讓他特別留下深刻印象的是那些氣味。大道的網格隔開了植有橘子樹、檸檬樹、杏仁樹或橄欖樹的小花園。它們之間總能一再見到仙人掌與蘆薈。他已在穆斯塔法與阿爾及爾之間的路上見過野生的這一切。但這裡卻有更多獲得良好照顧的同類樹木緊密地並排在一塊，這也促使它們個別的獨特氣味變得濃烈。

不過，當一行人再度走回有個不起眼的大門的入口處，接著離開這座公園時，他倒是滿心喜悅。他覺得自己有點精疲力竭，明顯感受到了人車從公園路面揚起的石灰鈣灰塵正刺激著他的肺。他心裡明白，為了這趟遊覽，他又得付出徹夜咳個不停的代價。在等待馬拉街車時，他向某個流動攤販買了一支雕工精美的木質菸斗，還有三根很長的竹製菸管。給恩格斯，做為非洲之旅的紀念品。

那是一個該想想何時要打道回府的時刻。從幾天前就陸續聽到一些風聲，阿爾及爾的旅館要開始淨空，因為首批的冬季旅客要準備返回法國或義大利。在維多利亞旅店的餐桌上，對話的內容不再是長久以來一直圍繞著的對天氣的抱怨，如今這個話題已被何時動身返回歐洲的問題所取代。氣象學家宣布了新一波暴風雨的消息；不過，到了五月初，誠如人們普遍擔心的那樣，或許會出現一個令人難以忍受的酷暑，做為對阿爾及利亞本年度敗得宛如災難的春天的「補償」。

他已然決定，沒有必要再讓自己陷入這種不穩定天氣的起起伏伏中。只要史蒂芬醫生一確認他的胸膜炎痊癒，他打算立刻跳上最近一班開往歐洲的船。在經歷前幾週完全異常的天氣情況後，沒人能預見接下來幾週阿爾及爾又會是怎樣的局面。史蒂芬醫生已經說了明晚會過來診察，他想要利用機會，跟醫生提一提這個問題。

是時候重拾自己荒廢已久的工作了。新版《資本論》的修改樣稿一直動也沒動地躺在自己的皮箱。這段時間他就只沉浸在回憶中。在他們下午動身前往實驗花園前，他曾為寫給愛琳娜的一封信起了頭，在那封信裡，他暗示了自己想打道回府的念頭。到了明天，他或許可以補充一些參觀那座花園的見聞，甚至補充史蒂芬醫生針對他的健康情況所做的最新研判；他可以完成那封信，然後把它寄出去。

倫敦與榮耀

馬克思有不少事情確實是我們可以議論的，但不包括欠缺一貫性這件事。在他攻讀哲學的那段期間，一些德國最聰明的知識分子（其中包括了青年黑格爾派），開始以語言學的方式對《聖經》的關鍵部分進行檢驗。起初他們想要做的只是查明那些文本的形成與傳播條件。然而，他們的歷史解釋嘗試卻發展出自己的動能，導致了對基督教信仰內容與所有宗教的徹底懷疑。在「博士俱樂部」的定期聚會中，馬克思參與了這個過程，但他對此並不滿意。從他的詩作《人類生命》裡，我們不難想像，「一種沒有形上確定性的存在」這樣的想法給了他多麼深的影響，他對替代的、人世的意義賦予又有多麼強烈的需求。因此馬克思總結，如果「對宗教的批評」質疑了上帝的存在，並歸納出「人對人而言是最高的存在」這樣的洞察，那麼對他來說，必然就會得出「『推翻人類身處其中是種被貶低、奴役、遺棄、藐視的存在的一切條件』

這樣的絕對命令」。[126]

他服膺這項認知之徹底，直到今日，也不得不令我們肅然起敬。就那項「絕對命令」的意義來說，光是以哲學家身分去重新詮釋這個世界是不夠的，這項「命令」要求人們必須改變這個世界，也因此，馬克思毫不猶豫地轉向了政治變革工作。由於他的歷史理論分析推論出，唯有一場革命能夠促成必要的社會根本變革，所以他把自己的政治工作瞄準在為這樣一場革命創造觸發的前提條件。根據他的研究結果，革命的前景無可避免地繫於社會當前的經濟情況，於是他埋首於現代資本主義國民經濟的研究，並且預示，會在一部《政治經濟學批判》的核心著作裡深入探究它。

然而，思想與政治行動的結果在作者馬克思身上，卻與他特有的缺點——寫作計畫進行得很慢或根本無法收尾——發生了衝突。這樣的缺陷，部分是因為他值得尊敬的完美主義傾向，部分是因為他無法為自己廣泛的研究欲設限，不過，也有部分是因為，他很願意由著自己好辯的個性帶領自己陷入替代的論戰中。阿諾．盧格很早就承認，馬克思的才華與博學著實令人佩服，他曾表示：「他以非常大的強度在工作，他具有批判天分，這項天分有時會忘情地蛻變成辯證法，但他卻什麼也未能完成，經常半途而廢，總是一再重新墜入另一個無涯的書海。」[127]

一八四五年年初，馬克思與出版商卡爾．尤里烏斯．雷斯克（Karl Julius Leske）簽了一份合約，打算出版自己一直有意撰寫的關於政治經濟學的書。然而接下來，他卻夥同恩格斯與赫斯寫了一本與青年黑格爾派論戰、篇幅厚達五百頁的《德意志意識形態》（*Die deutsche Ideologie*）。馬克思當時二十六歲，在經濟基礎著作上遲延了的工作，從那時起耗費了他數十年的光陰。誠如馬克思後來總結道，他為這項工作「犧牲了健康、幸福與家庭」。[128] 然而，他卻從未完成這項工作。這可說是他人生的才智悲劇。

對這部巨作的嘗試、準備、草擬、初步概念或序曲，他未曾放手。早在一八四四年時，他就在巴黎寫了後來被稱為《經濟學哲學手稿》（*Ökonomisch-philosophische Manuskripte*）的草稿；他或許從來也不想發表這些草稿，主要是想借助它們嘗試釐清自己對國民經濟的基本問題所採取的立場。一八四九年四月，他以五篇社論的形式，在《新萊茵報》上發表他對此一主題的論點概述。後來恩格斯將它們以《雇傭勞動與資本》（*Lohnarbeit und Kapital*）為名集結成書，以小冊子形式出版。然而，值得注意的是，由於當時的一些政治上的原因，馬克思不得不中斷一八四九年的這一系列文章，換言之，無法按照原本的計畫將它們全部完成。就連在他的遺物裡，也未曾發現還缺少的部分。

在一八五〇年代後半暫時穩固了自己的物質生活條件後，馬克思重新嘗試要將自己偉大的作品寫下來。他首先完成一個全面性的計畫草圖，也就是後來的《政治經濟學批判大綱》

（*Grundrisse der Kritik der politischen Ökonomie*）。而《政治經濟學批判》這部作品本身，則應以這些素材為基礎，分卷迅速完成。一八五九年，馬克思按照計畫發表了《政治經濟學批判》第一卷；然而，他卻沒有再接再厲繼續完成後面的幾卷，反倒陷入與動物學家暨四八年革命者卡爾・沃格特一場不可收拾的論戰中。當時沃格特住在日內瓦，類似於尤里烏斯・福祿貝爾，比馬克思更正面地看待拿破崙三世。一八五九年法國和薩丁尼亞王國（Regno di Sardegna）聯手，與奧地利在義大利北部打了一場仗，期間沃格特毫不隱藏自己支持拿破崙三世的態度。馬克思把這樣的表態視為對革命理念的背叛，於是四處散播他所聽到的謠言：沃格特其實是拿破崙三世所豢養的鷹犬。面對這樣的指控，沃格特也毫不客氣地回應：其實馬克思才是奧地利所豢養的鷹犬。接著馬克思居然花了一年多的時間，以新聞和法律的方式迎戰這項指控，還仔細研究對手的陰謀，甚至為此出了一本內容豐富、名為《沃格特先生》（*Herr Vogt*）的小冊子。這本書並沒有發揮什麼關鍵性作用。直到十年之後，法國敗給普魯士，拿破崙三世的一些祕密文件與戶頭曝光後，這才還了馬克思一個公道：因為這位皇帝確實曾在對奧地利作戰期間給了沃格特一筆不小的財富！

不過，在經濟基礎著作的工作上，卻因與沃格特的爭鬥而陷於停擺。當一八六一年八月馬克思重拾這項工作時，他居然開始大舉修改和擴充既有的手稿。他在一封寫給拉薩爾的信中描述了自己的工作方式：「我的個性是，當我在過了四個禮拜回頭看看自己寫出了些什麼後，我就會覺得不夠好，接著全部改寫。」[129]於是，過了幾個月後，他又寫了另一份篇幅將近一千五百頁的工作手稿，他把這份手稿視為已出版的《政治經濟學批判》第一卷的續作，這部著作將以《資本論》為名出版，《政治經濟學批判》僅為副標。[130]然而，這項計畫同樣也是不了了之。此時馬克思再度沒有什麼收入，他的健康情況與家庭環境惡化到他經常不得不中斷工作。他往往無法負擔就醫的費用。在歷經這樣的中斷後，他轉而傾向捨棄既有的文稿，另起爐灶。他後來的編輯曾「體貼」地表示：「準備付梓的清稿突然轉變成一個新的研究過程。〔……〕他額外研讀了大量的經濟與科技文獻，這當中有關於農業的文獻，信用與貨幣流通問題的文獻，統計資料，國會記錄，以及與工廠童工及英國無產階級的生活條件有關的官方報告等等。」[131]

於是，多年來，一份草稿後面又是另一份草稿。馬克思曾計畫將自己的書分成三部分，也曾計畫分成四部分。漢堡的出版商奧圖．麥斯納（Otto Meißner）則曾表示，雖然同意這部作品由四個部分構成，但卻要以三卷的形式出版。到了一八六六年，馬克思決定再次處理他在《政治經濟學批判》第一卷裡已經處理過的那些主題，進而以單一篇章的形式將它們融入即將發表的新書裡。他表示：「我認為這是必要的，並非只是因為完整性的緣故，而是因為，就算是那些腦筋好的人，也未必能夠完全正確地理解那些內容，所以最初的闡述必然存在著某些缺陷，尤其是對商品所做的分析。」[132]不過，唯有在「全都由我作主」他才願意交出自己的手稿這樣的情況下，馬克思才會覺得安心，因為唯有如此，他才能看出「為了能夠在規定範圍內均勻且合乎比例地置入每個部分，得要做多少的壓縮或刪減」。[133]

在這個曠日廢時、一再被作者本人推翻的工作過程中，馬克思獲得了恩格斯以天使般的耐心提供的財務援助。曾有一段時間，馬克思似乎暫時不再需要這樣的資助。一八六三年十一月三十日，馬克思的母親在特里爾過世，自父親死後他熱切期盼了整整二十五年的家族遺產總算到手——不到六百英鎊。半年後，一八六四年五月九日，他的老伙伴威廉·沃爾夫也跟著撒手人寰；出人意料地，沃爾夫居然留給了他的朋友馬克思八百多英鎊！這兩筆遺產加起來，足足可讓一個英國的中產階級家庭好好地過上五年，甚至更久。不過，馬克思夫婦對金錢的管理可不像尋常的中產階級家庭。雖然絕大部分的時間都沒有固定收入，這對夫妻卻還是決定要搬去一間更大、更貴的房子：摩德納別墅（Modena Villas），米蘭公園路（Maidland Park Road）一號。此外，他們還還了債務，但顯然沒有興趣節制其他支出。於是，很快又回復到過去的常態。就在沃爾夫去世短短一年後，他又開始在給恩格斯的信中寫道：「這兩個月來我都只能靠當鋪過活〔……〕。」[134]

如果說，儘管有越來越多慢性病纏身，對馬克思來說那些年卻是個令人愉快的轉折，那麼原因就在於一個讓他得以重新回歸能發揮作用的政治活動的偶然。一八六二年，有個法國勞工領袖的代表團前往倫敦參觀世界博覽會，他們在場邊會見了英國的同僚與工會成員。這次的接觸促成了一項建立一個勞工組織國際總會的計畫。成立大會訂於一八六四年九月二十八日在倫敦舉行，發起人想到不妨邀請德國流亡人士暨記者的卡爾・馬克思，儘管他既非勞工、也非任何勞工團體的成員。馬克思起先有些訝異，態度有點保留，後來卻帶著昔日共產主義者同盟的戰友，裁縫師格奧爾格・艾卡里烏斯（Georg Eccarius），一同參加了集會。在討論過程中他不太表示意見，事實上，他恐怕是一言不發。儘管如此，或許是因為缺少可以選擇的德國候選人，他和格奧爾格・艾卡里烏斯居然雙雙入選「國際工人協會」（International Workingmen's Association）的籌備委員會。

馬克思在為國際工人協會工作初期十分謹慎。從過去在一八五〇年秋天共產主義者同盟的意識形態衝突及分裂中，他學到了教訓。他不接受任何領導職位，既不爭取會長、也不爭取祕書長的位子。他先是加入一個委員會，負責擬定包括議事規則與一個最初的綱領性聲明在內的章程。不久之後他就發現，委員會裡沒有人像他在政治與新聞方面那麼有經驗。於是，需撰寫的文本幾乎全都由他一手包辦，他也就此提早確立了這個新組織的性格。在這當中，他留心避免任何狹隘的意識形態執著；換言之，國際工人協會應當盡可能對所有類型的社會主義保持開放，讓它成為全球所有勞工運動的一個蓄水池。

對國際工人協會來說，這是個巨大的政治優勢。它迅速成長，發展成一個由不同左派團體所組成、具聯邦性質的共同體。合作社性質的歐文主義者、英國的工會會員、來自法國的蒲魯東主義者或傅立葉主義者、來自義大利的馬志尼的追隨者、來自德國的拉薩爾的追隨者，甚至連巴枯寧的無政府主義者，他們全都在這個寬闊的屋簷下占有一席之地。馬克思從來沒有搶著出風頭，雖然是國際工人協會總理事會的成員，但他卻滿足於德國通訊祕書的頭銜。不過，他也設法讓自己在核心的組織問題上變得不可或缺，讓自己迅速成為「藏鏡人」的角色，從幕後提出關鍵性的建議。舉例來說，他對年度大會議程安排有很大的影響力，會設法讓大會不被氾濫的意識形態辯論牽著鼻子走，而是聚焦在具體且能取得共識的一些政治要求，像是縮減工時或保護女工和童工的法規等等。在這種情況下，大會的進行便可提前底定，馬克思不必費事再去採取進一步動作，甚至就連大會也可以不去參加。只不過，大會主要其實是宣傳意義，沒有直接的政治意義。代表團能否在個別國家裡凸顯出各自的要求，不太取決於國際工人協會，而是取決於每個組織在它們各自國家裡的實力。

乍看之下，人們或許會覺得馬克思在政治方面有所轉變，沒了舊的教條主義傾向，倒是培養了一顆支持左派多元主義的心。然而，若是仔細觀察，他的意圖其實並不像外表所顯露出來的那般豁達與單純。在一封寫得意氣風發的信中，馬克思先是細數了一八六七年九月大會的種種成功，接著向恩格斯說道：「事情進展順利。在也許比預期更快到來的下次革命裡，我們（也就是你和我）就有這部強大的機器在手。」[135]馬克思是否確實認真地如此認為，是否確實把由工會和最廣義的社會主義團體所組成的這個鬆散聯盟視為一部強大的機器，是否受擔任這部機器的首席設計師取得的成功所鼓舞，以致愚蠢地相信某個有點誇張的未來願景，這一切我們都無法確定。儘管如此，他顯然並不懷疑，若有朝一日在政治的視野中可以見到某種如革命般的特殊政治局勢，自己在國際工人協會裡的戰術行為將徹底改變。

三年後，隨著普法戰爭爆發，出現了一個這類的特殊局勢。這場戰爭把國際工人協會帶向了一個特殊的處境，因為該會同時擁有德國與法國的勞工組織。馬克思為總理事會撰寫了一份公開聲明，在聲明中，他首先引述了兩國勞工對戰爭所表達的抗議，但他卻又同時指出，德國防禦法國皇帝的攻擊是正確的行為。萬一這項自衛轉變成「攻擊法國人民」的戰爭，馬克思強調，「勝利或失敗都將被證明是同樣地不幸」。[136]後來的數十年證明了，這是一個具有歷史遠見的聰明評論。法國戰敗後俾斯麥併吞了亞爾薩斯（Alsace）與洛林（Lorraine），此舉破壞了兩國的關係，直至第一次世界大戰。

德國部隊迅速取得勝利、拿破崙三世垮台、巴黎開始被包圍，此時馬克思以國際工人協會之名所發表的第二個聲明，同樣也極有遠見。他警告在被圍的首都裡的勞工們，切勿利用戰事來搞革命：「當敵人幾乎就要敲開巴黎的大門，在一場可怕的危機中，所有推翻當前政府的試圖，都會是無望的愚行。」[137]在接下來的幾個月裡，馬克思也沒有動搖這種「反革命」的立場。一八七一年三月，突然爆發了巴黎公社反抗法國共和政府的起義，馬克思受總理事會委託，為國際工人協會撰寫一份對這起事件的聲明，但他卻持保留態度，耐心地等候，直到十週之後整場起義最終遭到平定。他顯然從不認為巴黎公社社員能起義成功，而且在那段期間裡，他可能也得知那場起義絕非只由勞工發起；那同樣也是由資產階級所發起與推動的。

儘管如此，在接下來他為國際工人協會撰寫且受總理事會加持的聲明中，他卻將巴黎公社推崇為無產階級革命真正的第一個、雖然失敗、但卻富有政治前瞻性的例子。他表示：「工人的巴黎，還有它的公社，將永遠被歌頌為一個新社會輝煌的預兆。它的烈士們將被珍藏在勞工階級的心靈深處。」[138]這種充滿激情的語調，不禁令人聯想起馬克思在一八四八年為《新萊茵報》所寫的文章。在那篇文章裡，馬克思讚揚了「六月革命」（勞工起義反對當時的共和政府），而那樣的言論把科隆的中產階級與民主主義者讀者給嚇壞了。

這份宣言不但讓馬克思打破了自己在戰爭期間為勸誡巴黎勞工切勿試圖推動政變所發出的警告，同時也讓他違逆了自己一再重申的信念：也就是，唯有當明瞭自己歷史任務的勞工階級增長成社會中的絕大多數，無產階級革命的嘗試才有其意義。然而，此時這些矛盾卻不再困擾他。他顯然嗅到了一個能像從前在科隆時那樣炒熱某起政治事件的新聞工作機會，借助這樣的一起事件，他所主張的那些對於一場無產階級革命基本上不可或缺的論點，總算又能在廣大的群眾中引發強烈的共鳴。

這篇宣言既有震撼性、又具有毀滅性。很快地，人們就都曉得了這篇文章到底是誰以國際工人協會的名義所寫，馬克思一下子在歐洲成了眾矢之的。特別是在那些保守的政府眼裡，自從巴黎公社起義，它就被視為混亂與無政府的縮影，是全然的政治之惡的化身。內戰期間在巴黎街頭毫無節制的暴力，其中包括了公共建築被針對性地焚燬、人質慘遭殺害、一名大主教被謀殺，就連婦女都得武裝起來，這一切很容易就會讓巴黎公社社員在社會大眾間被妖魔化。馬克思體內彷彿有著一位稍顯晦澀、但在勞工組織中顯然連結良好的評論員：他不僅捍衛他們，把他們塑造成英雄，更把他們的起義所宣稱的目標詮釋成社會未來值得追求的模式。

突然間，馬克思從各方獲得了他長久以來未曾獲得的關注。報章雜誌紛紛撲向他那篇宣言，以及那篇宣言的作者。恩格斯認為，如此廣大的迴響，正好可以讓人看出「國際工人協會是個不可忽視的歐洲強權」。[139]然而，如同今日經常可見的類似的緋聞，馬克思也不得不體驗到，他真正的信念在這場新聞戰中根本就無關緊要。他沒有被推崇為勞工運動的先行者或資本主義的分析家，而是被懷疑成公社起義的幕後黑手，與全歐洲恐怖主義網絡的頭號理論家。但這並未妨礙他享受突如其來的爆紅。他在一封信中向德國友人表示，自己很榮幸成為目前倫敦最被中傷且最受威脅的人，「在歷經二十年無聊的沼澤田園生活後，這著實令人感到愉快」。[140]

不過，伴隨著自己的成功，馬克思卻破壞了這項成功得要感謝的組織基礎。透過針對巴黎公社發表的聲明，他明白地放棄了基本上算中立、對所有社會主義流派保持開放的國際工人協會受託人的角色。某些會員組織的立場較為溫和，它們只關心勞動條件的改善，從未想過要發動革命，這些組織覺得自己被馬克思和總理事會在政治上給利用了；部分實力強大的英國工會，與國際工人協會分道揚鑣，其他在意識形態問題上堅持自主的團體，則是越來越不信任倫敦的中央。

這是一種有利於巴枯寧及其無政府主義支持者的反應。早在巴枯寧努力想加入國際工人協會時，馬克思就認為，此人恐怕會是他在國際工人協會中競逐權力的勁敵。事實上，總理事會的行動越是獨斷，巴枯寧堅決反對專制的態度在成員中就越受青睞。因此，馬克思顯然很擔憂，萬一無法阻止巴枯寧崛起，自己的影響力恐將完全喪失。受到一八七一年普法戰爭影響，國際工人協會定期的年度大會無法如期召開，於是馬克思在倫敦組織了一場替代性的內部會議，但巴枯寧陣營的代表卻完全沒有受邀。有別於過去的大會，馬克思這回不但一反常態地親自參加了這場會議，還想方設法讓總理事會擴大對個別會員組織的控制；此舉當然又讓各會員組織更感不滿。

換句話說，馬克思這時又重蹈了一八五〇年在共產主義者同盟中的覆轍。他不去整合各方勢力，不去為國際工人協會裡的不同流派尋找一個共同基礎，反倒試圖牢牢把持它，而這也正好適得其反地促使它分裂。或許，在倫敦會議結束後的那段時間，當越來越多的會員組織，特別是來自南歐的會員組織，對巴枯寧的反集權路線表示同情時，馬克思自己也越來越清楚這一點。於是，他決定與在一八七〇年時由他推薦被選入總理事會的恩格斯共同來場最後的反擊。在為下一場於海牙（Den Haag）舉行的年度大會進行準備之際，他們兩人拋棄了所有公正的表象，處心積慮地動員盡可能大量的、在他們看來算是可靠的代表。當他們曉得，在這次集會中確實會有個站在他們這邊的多數，他們就專注於兩項決議上：他們提議開除巴枯寧，將他逐出這個組織，因為他試圖暗中滲透組織；此外，出乎與會者意料，他們還提議將國際工人協會的總部從倫敦遷往紐約。

這兩項決議，在經過漫長的辯論後，最終以勉強的多數獲得通過，兩人的計畫得逞。他們無論如何都不希望國際工人協會落入巴枯寧的手裡；他們擔心，這個傢伙會趁機「以『國際工人協會』之名幹下更大的蠢事與醜事」。[141]另一方面他們也意識到了，自己毫不掩飾的教條主義姿態，遲早會讓他們丟失自己薄弱的多數。因此，他們之所以要提議將總部遷往紐約，目的就是讓國際工人協會去到一個偏遠的地方，讓它無足輕重。在一八七〇年代初期，橫越大西洋的交通還沒有便利到能讓人從美國有效地領導一個由幾乎全來自歐洲、難以駕馭的成員團體所組成的政治組織。國際工人協會後來確實也在一八七六年於費城（Philadelphia）舉行的最後一次大會中自我解散。馬克思與恩格斯以毀滅它的代價，讓它擺脫了巴枯寧。

事實上，早在海牙那場關鍵性的會議前，馬克思對國際工人協會的興趣就已大幅下降。在一八七二年五月寫給協會某位比利時會員的信中，馬克思表示：「我等待下次的大會已等得不耐煩。那將是我做牛做馬的終點。在那之後，我將再度成為一個自由的人；我不會再擔任任何行政職務，無論是在總理事會，還是在英國的聯盟委員會。」[142]雖然為國際工人協會工作耗去他不少時間，而且生病也經常使他中斷寫作，不過馬克思還是持續在他那「令人苦惱的孩子」身上下功夫，還是持續推進有關政治經濟學巨著的工作。此時他的資助者恩格斯幾乎完全讀力承擔這個家庭的家計重擔，馬克思則以用書信詳細向他報告這部著作多舛的成書命運做為回報。似乎有很長一段時間，馬克思還是一直堅持在他出版這部著作前，得先完成全部四卷作品。可是手稿的規模越是膨脹，這件事就變得越是困難。一八六六年十月，他改變了心意，決定只先出版一個部分，但這個部分卻得包含這部書的頭兩卷。到了一八六七年年初，計畫又變得更精簡，他終於下定決心，暫時只以清稿方式完成第一個部分。三個月後，在歷經幾個星期的沉默，馬克思語帶尷尬卻也言簡意賅地告訴恩格斯：「先前我決定，在我能夠告訴你這本書完成之前，我都不寫信給你，現在這本書完成了。」[143] 一週後，馬克思帶著自己的手稿搭船前往漢堡，會見他的出版商奧圖．麥斯納。麥斯納立刻就把手稿鎖進保險箱——深感欣慰，歷經長年等待，如今手裡至少有了這第一批的稿件。一八六七年五月五日，也就是在馬克思的四十九歲生日那天，他收到了定稿的首批校樣，他用郵寄的方式陸陸續續將它們轉寄給恩格斯；人在曼徹斯特的恩格斯，這時才首度親見那些稿件，對於它們的誕生，做為資助者與知識顧問的他貢獻極大。事實上，馬克思平常並不羞於在出版前與恩格斯討論尚未完成的手稿，不過，關於這本重要的著作，他事先卻只透露了一點點給這位朋友知道。到了九月十四日，在《德國圖書業週刊》（*Börsenblatt für den Deutschen Buchhandel*）上總算登載了一條簡單的消息：有一部作者為卡爾．馬克思、書名為《資本論》的著作，第一卷業已出版。

直到今日，《資本論》與《共產主義宣言》始終被認為是馬克思主義的劃時代作品，是全球勞工運動的經濟驅力與目標的基本理論定位框架。根據馬克思的想法，《資本論》的作用將是闡述資本主義社會的運動定律，並解釋它們的運作方式。現代經濟的所有面向，商品的生產與流通、雇用勞動與剩餘價值、競爭與貨幣流通、資本與地租等等，他想在這本書中透過詳細的綜覽揭示它們的交互作用。

雖然剛開始《資本論》沒有得到多大的迴響，這也讓它的作者深感失望，然而隨著時間經過，它卻產生了一個壓倒性的巨大光環。沒有一本其他的書像它那樣，對二十世紀歷史與政治造成如此重大的影響，也沒有一本其他的書像它那樣，在可媲美的程度上被美化及醜化、被神格化及妖魔化。在真正的社會主義國家，它扮演了整整七十年如《聖經》般的角色，根據官方的解讀，人們甚至期待它能為近乎所有世界與生命的謎團提供解答；而在西方國家，直至今日，在本書出版一百五十年後，則喜歡強調它對既有經濟與金融體系極具權威的反對立場。

若我們仔細閱讀這本書就不難發現，它其實是國民經濟學理論、社會分析、批判的經濟史寫作、以及狂熱論戰的一種特殊混合物。此書的基本論點承襲自早期的英國經濟學家大衛・李嘉圖。商品價值主要是根據人類為生產這項商品通常所付出的勞動來衡量。確定一件商品的價值，這個問題聽起來很平庸，不過，誠如馬克思所指出，它其實是件極其複雜的事情。「乍看之下，一件商品似乎是件不言可喻、微不足道的事情。然而，針對它所做的分析卻表明，它其實是件非常複雜的事情，充滿了形上學的微妙與神學的古怪。」[144]因為，只要不同標的物在市場上被當成商品交易，就必須確定它們的價值，才能進行對等交換。這樣的過程似乎是件很平凡的事。不過越是深究，這個問題其實就越令人費解。舉例來說，一磅的肉與一件便宜的襯衫，兩者完全沒有物質共同性，它們所能滿足的需求也是南轅北轍，儘管如此，它們在市場上卻可以擁有完全相同的價值。反映在價值上的對比值，馬克思認為，就存在於人類的勞動上，存在於社會生產這兩種商品平均必須耗費的勞動上。支付工具的使用簡化了商品交換的程序；古代的硬幣與近代的紙幣，都是普遍流行的支付工具。

接下來，馬克思便逐點逐章一一處理，從這些初步思考中得出大量的細節問題與結論。他討論了工作型態與計算工時的問題，解釋了貨幣在交易中所扮演的角色與它和資本的差異，分析了當資本家將商品價格訂在高於包含工資在內的成本時所能獲取的剩餘價值，探討了計時工資與計件工資之間的差異，闡明了在成功的市場參與者中資本累積的機制。在最後的歷史回顧，他描述了資本主義經濟體系的出現，特別是十五世紀起的英國，並以展望資本主義社會日趨嚴重的社會不平等及其自我毀滅的內在傾向做結。

因此，第一卷的核心就是生產過程及直接與它相關的各種因素。馬克思打算在第二卷處理流通過程，亦即交換與交易；接著在第三卷回到與生產有關的研究，不過在這個部分將會添加從分析流通過程中所獲得的知識；至於第四卷，他則準備闡述理論的歷史。

前已提及，大衛・李嘉圖認為，人類的勞動是衡量商品價值的主要因素。這樣的想法將勞工置於理論的核心（即便李嘉圖並不這麼認為），光是如此就讓馬克思對它特別感興趣了。從這個角度來看，勞工被提升為唯一真正創造出剩餘價值的族群，但卻被排除在享用剩餘價值之外，因此他們顯然是被剝削的階級。相反地，以同樣角度來看，資本家必然與剩餘價值的實際產生毫無關係，但卻把剩餘價值據為己有，所以他們是剝削者無誤。而且，由於在確定價值方面，馬克思是以通常的、平均的勞動，而非以個案中的勞動為基礎，因此在他的觀察中，社會生產關係必然具有核心的重要性。故而，馬克思嘗試將資本主義表述成一個系統，在它所有不同的表現形式與社會環境中起源於（誠如馬克思所稱）決定商品價值的「抽象勞動」（abstrakte Arbeit），也起源於無產階級與資產階級間、被剝削者與剝削者間的核心矛盾。馬克思承襲黑格爾的想法，唯有當一個系統的所有重要斷定都能從單一的基本概念或一個核心的矛盾導出，它才有資格聲稱自己是科學的。同樣停留在黑格爾思想視野裡的還有，它將在這樣一個系統裡向前發展所具有的必然性（黑格爾則將這種必然性歸結為「絕對精神」的自我認識），投射在社會關係與經濟關係上。也因此，在馬克思唯物主義的世界觀裡，保留了很大一部分黑格爾的唯心主義。

只不過，這個系統的前提，換言之，商品價值係根據人類投入商品生產的勞動比例來衡量，還是讓一些基本問題懸而未決。從今日的觀點看來，我們不禁會想，根據這種假設，一個在很大程度上是由自動化機器生產、人類勞動只在其中占了一小部分的產品，我們如何才能確定其商品價值呢？事實上，早在十九世紀時，這套理論的問題就已浮現。由於人類的勞動（「抽象勞動」）量最終只能根據時間標準來計算，因此，我們還是不曉得不同性質的活動要怎麼計算。工程師的工時被賦予的價值通常都高於助理的工時。此外，有時會有藉由增加人類勞動來節省其他生產條件的工作技術，即使投入更高的勞動，也不必然會獲致更高價格的成果，反倒會獲致「完全具有競爭力」的成果。還有，自然氣候條件的差異又要如何考量？在投入同樣多的人類工作量下，一座煤礦與一座金礦所能得出的產值肯定不一樣。肥沃土地即使投入較少的勞動，也能比在貧瘠土地上投入較多的勞動收成更佳。

一八七〇年代，經濟學家基於包括這些問題在內的因素，發展出別的理論模型，這些模型不在耗費的勞動上尋找商品價值，而是在它們帶給買家的益處上，還有在市場的供需關係上尋找商品價值。這是一個馬克思沒有錯過的、研究上的範式轉移。也因此，價值不再是商品的實質部分，而是奠基於主觀的評估，取決於某種平衡動作。價格上漲雖然會擴大供給，但也會造成需求縮小；價格下跌雖然會縮小供給，但也會造成需求擴大。某些勞動價值理論造成的問題，這時都能以數學等式完美解決。直到今日，經濟學基本上還是立基於均衡理論或邊際效用理論。國民經濟則被視為彼此交錯、互相依存、傾向於追求均衡的諸多市場。每個市場各自的狀態可藉由高度定型化的模型計算來確定。

不過，就連邊際效用理論，同樣也是基於一些不怎麼清楚的前提。像是它假設市場參與者對市場的供應有完整概觀，都極理性地只根據經濟觀點來行為。然而，由於在重要的經濟決定上，習慣、輕率、賭性和其他所有非理性因素也占了不容忽視的一席之地，因此我們很有理由懷疑，均衡理論只是利用數學公式製造出的某種精確假象，這樣的假象禁不起嚴格的檢驗。基本上，這其實沒什麼好大驚小怪的，因為在經濟學的研究領域，有別於像物理學那樣精確的自然科學，所涉及的是一系列複雜的社會建構，像是經常會被提到的各種市場，還有貨幣或股票等等。這些建構畢竟是產生於大量參與者所遵循的慣例，但它們卻也隨時都可能會被改變或打破。因此這些社會建構並無法被準確預言，正如我們也不太能夠準確地去預言科學與技術方面的各種創新，但這些創新，特別是在資本主義社會，卻是經濟成長很重要的一部分。

當然，經濟學的研究並沒有逃避這些異議，它們一直試著借助越來越細膩的公式，將這些因素納入模型計算。將人類的不可預測性轉化為可計算的數值，這類嘗試是否有機會成功，至今仍未有定論；針對海量的數位化資料所做的分析（「大數據」〔big data〕）能在這方面提供些什麼可能性，也是一樣。因此，我們有理由不把經濟學說視為精確的科學，而是視為某種理論建築，只要它與對社會的細膩洞察及心理學的相關知識一起被運用，就可以針對現實狀況提供有意義的陳述。至於某種可靠的預測力，如同我們期待準確的科學能做到的那樣，或是準確預言像二〇〇七年金融危機之類的重大經濟事件，它至今為止顯然還不具備，而且恐怕永遠也不會具備。

因此，馬克思在一八七〇年代陷入了一種不尋常的矛盾。一方面，在《資本論》第一卷發表後，他身為經濟理論家的聲譽緩慢但持續的攀升。特別是德語區的勞工運動界，在所有的經濟問題上，他很快就被奉為最終的裁判官與無懈可擊的預言家。當他讚揚吟詠巴黎公社的安魂曲被大膽地炒作新聞後，他在保守派中也成了家喻戶曉的人物。不僅如此，他的財務狀況也持續改善。恩格斯在一八七〇年放棄了自己在「艾爾曼與恩格斯」的職位，他的伙伴戈特佛里德．艾爾曼（Gottfried Ermen）付了他一萬二千五百英鎊，以今日購買力換算大約是一百二十萬英鎊。他事先就曾寫信詢問過馬克思：「一、你需要多少錢才能還清所有債務，有一個重新的開始？二、一年三百五十英鎊能否支應你的正常開銷（這當中不包括因為生病或其他無法預見的事情所產生的額外開銷）？」[145]事實上，在退休之後，恩格斯就從曼徹斯特搬到倫敦和馬克思做鄰居，每年都給他的朋友一筆固定的錢；而且，如有必要，他也會一如既往慷慨地再另行補貼。

然而另一方面，馬克思卻也心知肚明，邊際效用學派在科學上日益成為嚴重威脅其勞動價值理論的競爭對手。馬克思專心研究了這個學派的重要代表人物之一，英國經濟學家威廉・史丹利・傑文斯（William Stanley Jevons），並更新了自己的數學知識。並無確切證據顯示馬克思對自己的理論產生懷疑。然而，如果他想當一位正直的學者，繼續進行《資本論》尚未完成的撰寫工作，那麼他就必須至少對邊際效用學派的論點仔細思考一番，查看一下它們對自身論點會造成什麼影響，如有必要，還得將它們納入自己的書中。

對馬克思來說，這不僅牽涉到額外的學術功夫，而且還牽涉到不小的人情問題。感謝他強烈的自信心，馬克思從未降低對自己經濟理論有效性的期望；經過了期待完成《資本論》的這幾十年，這樣的期望甚至還有增無減。恩格斯也懷抱了同樣的高度期望，深信馬克思理論無可反駁的科學性；在過去漫長的歲月中，絕非只是為了完成這部著作而投注金錢那麼簡單。馬克思有回寫信給朋友，提到在曼徹斯特擔任經理的恩格斯，「主要都是因為我，浪費與鏽蝕了他在商業方面優異的才能」，這就「像是一場良心的惡夢」[146]，讓他十分過意不去。在這樣的情況下，去嚴肅質疑自己的研究成果，對馬克思來說當然就不會是件容易的事。為了證明自己的犧牲與家人的貧苦是合理的，為了不危及與恩格斯之間的友誼，馬克思除了用盡一切手段捍衛自己的經濟理論，很難有別的路可走。

從一八六七年《資本論》第一卷出版，到一八八三年他去世，馬克思有整整十五年的時間一再地為後續幾卷重新整理資料、修改、完成付印準備。特別是第二卷，在他自己看來算是很有進度；他甚至還曾多次暗示，自己可以立即將第二卷付梓。一八七二年卸下自己在國際工人協會總理事會的職務後，他已無會阻礙他完成著作的日常政務纏身。在接下來的幾年裡，就連德意志社會民主工人黨的領袖威廉・李卜克內西和奧古斯特・倍倍爾（August Ferdinand Bebel），也都讓他明白，在所有的理論問題上，他們都把他奉為至高的權威，但在黨務決策上，他們卻禁止任何干預。在他們看來，德國的內政局勢是無法遠從倫敦評斷的。即使馬克思在一八七五年時為了阻止德意志社會民主工人黨與拉薩爾的「全德意志工人聯合會」打算在哥達（Gotha）合而為一的計畫，不僅將自己毫不留情的《哥達綱領批判》（*Kritik des Gothaer Programms*）寄給李卜克內西與倍倍爾，甚至最終還揚言要與他們公開保持距離，這兩位政黨領袖還是完全沒有背離自己的計畫。

換言之，除了受損的健康之外，對馬克思來說，再也沒有任何明顯理由讓他從繼續完成自己的主要著作上分心。儘管如此，他卻還是一再地把這項工作擱在一邊；而且，誠如阿諾・

盧格生動的描述，一再地墜入無涯書海，不禁讓人萌生一些猜想。舉例來說，馬克思曾耗費多年光陰埋首於民族學研究，以及在前資本主義或史前社會的農村土地集體所有權的研究；其中還包括了他喜歡的俄國朋友，馬克西姆・克瓦盧斯基（他在寫給恩格斯的信中喜歡將其稱為「胖男孩」[147]）對北美、印度和阿爾及利亞所做的研究。

英國史學家加雷思・斯特德曼・瓊斯（Gareth Stedman Jones）[148]認為，人們可以在這項興趣中看出端倪，看出馬克思對歷史理解發生的深刻轉折。在一八七〇年代，馬克思顯然認為鄉村地區（例如俄國的歐布希欽納）這種早期的集體所有形式的殘餘物，確實可能發展成未來共產主義社會的生殖細胞。在寫給俄國女革命者薇拉・查蘇利奇的回信草稿中（・查蘇利奇在馬克思前往阿爾及爾前曾寫信給他），馬克思考慮到了這樣的可能性；歐布希欽納將掌握現代資本主義生產的「正面成就」，不必「去經歷它們的那些可怕的變遷」。[149]是以，在上了年紀後，馬克思似乎願意拋棄歷史理論的一些核心想法，像是他捍衛了數十年的論點：唯有當資產階級徹底釋放出資本主義的生產力，才能成功走上通往共產主義社會的道路。他是否打算，將他那幾乎只以歐洲史為基礎所構思出的歷史哲學，改成同樣也能適用於歐洲以外的情況呢？年輕時，他曾在《共產主義宣言》裡咒罵過反動的「農村生活的白癡」。[150]這時他是否發現，除了城市的無產階級，農民也是某種社會發展的未來前鋒呢？

此外，在一八七〇年代，馬克思也曾對各種自然科學專業領域，像是生理學、化學、地質學和農業化學等進行過廣泛的研究。他從未透露這麼做的原因。如果敢做點扯得較遠的大膽假設，我們最終還是可以在這背後發現批判資本主義的動機。也就是說，如果馬克思因為當時新的經濟學研究，開始懷疑自己所提出的關於資本主義無可避免的自我毀滅危機的理論是否無懈可擊，那麼未來將遭受另一項危險的威脅。資本主義不受抑制的持續發展（這是這種經濟系統的本質），會導致同樣不受抑制的商品生產持續增長。在這種情況下，資本主義的利用邏輯最終的唯一界限，就將是這個星球的有限資源。對於像馬克思這樣一個孜孜不倦的思想家來說，有足夠的理由支持他去投入自然科學的研究，藉以查明經濟成長可能的自然界限。如此一來，他對資本主義所做的經濟批判，則將轉變成一種真正有遠見的生態批判。[151]

不過，馬克思卻從未疏離《資本論》。他孜孜不倦地繼續在已經出版的第一卷上下功夫。當一八七二年必須出第二版時，他不僅更動其中的一些內容，還增加了日後變得有名的關於商品的拜物教性質的篇章。不久後，有個分為數冊的法文版出版，馬克思本人仔細監督了它們的翻譯；相對於德文原版，他顯然也在這個版本裡增刪了某些點。十年後，德文三版準備發行。馬克思把校樣帶到阿爾及爾，除了改進修辭外，其中主要涉及到的，是把他已加進德文二版的一個私人副本的內容加上去。然而，無論是在阿爾及爾、還是後來返回倫敦，他都沒有機會和時間將那些修改轉移到校樣上。他把這項工作留給了恩格斯。

除此以外，恩格斯也總算開始努力進行《資本論》第二卷與第三卷的編輯工作。誠如恩格斯於馬克思死後幾個月在寫給奧古斯特．倍倍爾的信中表示，這將是「一項浩大的工程」。為此他耗費了十年的光陰，因為手稿大部分都在未完成的狀態。「除了已完成的部分，其他的都只是單純描繪了一點輪廓，全都是草稿，只有兩章例外。做為例證的引文雜亂無章，成堆地丟在一起，僅供日後選取集合起來。它們完全都是只有我（還得費點力）才看得懂的手稿。」尤其是，恩格斯在馬克思書房裡發現的第三卷寫作材料，顯然更像是鬆散的素材集合，而不像是一個有結構、經過深思熟慮的文本。恩格斯向倍倍爾抱怨道：「你問，怎麼會連我也不知道該書完成的程度？很簡單：要是我知情的話，直到全部完成及付印之前，我肯定會讓他日夜不得安寧。這點馬克思比任何人都清楚；他還知道，在最糟的、目前也已發生的情況下，手稿可以由我根據他的思想來編成。」[152]

除此以外，恩格斯從未公然且毫不掩飾地批評過馬克思。這些句子似乎同時表達了許多的心情：他對馬克思小心翼翼對任何人、甚至對自己最親密的知己隱瞞關於手稿的事所感到的憤怒，他對接下來無止境的編輯工作所感到的恐懼，他對自己「能夠」完成好友作品所感到的驕傲，還有他對馬克思厚顏無恥地留給他堆積如山、如今自己得將它們編輯成冊的未完成文本所感到的一絲驚嚇。恩格斯有權做出這樣的責備，因為他才是主要將才不世出的馬克思那鮮活的、迎向未來的、富實驗性的思想化為教條式學說的人。人們很少會去想到，恩格斯並非只是資助了馬克思理論的主要著作，他其實還根據一些不太明確的「預設參數」將這部著作的大部分給寫了出來！

阿爾及爾VIII：道別的藝術

《彼得大帝號》才剛離開，報紙就報導了一支法國海軍艦隊在戰艦《勒科爾貝特號》（*Le Colbert*）率領下航向阿爾及爾的消息。它們所收到的命令是進行登陸演習，藉以驗收法軍從海上發動攻擊的實力。

維多利亞旅店早餐時間幾位在座的女士強調，能知道此事當然是件好事，因為，當整支艦隊到來之際，在駛進港口前，肯定會特別隆重地舉行禮炮射擊儀式來慶祝。這一天，阿爾及爾的天空顯露出了開朗的一面。幾近完美無瑕的藍天徜徉在平靜無波的大海上。氣溫暖和，卻還不到令人煩憂的非洲酷熱。餐桌上的眾人很快便一致同意，在這樣的環境下，無論如何都不能錯過這場海軍盛宴。

從晨間散步返回時，他見到其他房客已在維多利亞旅店樓上的長廊等待著。地平線邊冒起了被風緩緩吹散的煙，提早宣告了艦隊的到來。在羅莎莉女士一反常態地迅速伺候眾人用完午餐後，眾人又趕緊回到長廊上，準備觀賞入港與禮炮表演。那是八艘鋼鐵的龐然大物，有艘小船顯然早在上午就已在未被注意下抵達。如同「彼得大帝號」，除了巨大的煙囪以外，《勒科爾貝特號》還有三根可以撐開船帆的桅杆，做為蒸氣機的輔助。只不過，這時海上幾乎沒有半點風，因此船帆被一絲不苟地收在　桁上。船頭從甲板一路往下延伸至海面，像把鐮刀割開水面。艦橋後方甲板上可見到專門為統帥艦隊的海軍上將所搭的、如帳棚般的小亭子。

次日，如同先前參觀實驗花園那樣，他們一行四人動身前往。顧慮到女士們不方便長距離步行，他們花了幾蘇錢搭乘馬拉街車。大道與港口同樣再次塞滿了看熱鬧的人群，得耗去不少時間方才擠上碼頭。可是他們來得太早了，船隻還在進行操演，這意味著之後才能參觀。為了之後無須再多做等待，他們當下就租了一條小船，慢慢划向《勒科爾貝特號》，舒舒服服地等待演習結束。近距離觀看，這艘戰艦簡直就像一座鋸齒狀的鋼鐵大山，上頭住著身著藍色制服的水兵，他們就固守在巨大的砲管、桅杆或艙口旁；接著，一聲令下，他們在快跑通過通道與陡峭的樓梯下消失無蹤，但隨即又從別的艙口冒了出來。

當他們可以登艦時，他與一名下級軍官攀談了一會，那是個帥氣又聰明的傢伙；這位軍官隨後領著他們參觀了船艦，不厭其煩地解說他們想要參觀的一切。他的制服包括了一頂黑色三角帽，還有一條淡藍色滾兩條白邊、在他肩上舒展開來的水手領巾。這位軍官給人一種盡忠職守卻又十分超然的印象；在道別時他表示，自己有多麼厭倦無聊的軍旅生活，他希望自己很快就能告別海軍。

當天下午他與費梅見了面，他詢問費梅，何時是動身返回法國的最佳時點，搭乘什麼船隻最舒適。這位法官替他弄來了許多航運公司的班表。在經過一番考慮後，他決定在五月二日再次搭乘《薩伊德號》返航，儘管在來程中曾深受船上的機器噪音所苦。不過，這段期間他覺得自己的健康狀況已經好轉許多，也變得比較有體力，儘管咳嗽還是不肯罷休。他期待再次見到馬歇中尉，他曾在二月的旅途中與這位《薩伊德號》的船長聊過幾回。

就這樣，他只剩下將近兩個禮拜；最重要的是，盡可能好好利用這段時間調養自己的身體。這時候白天可能會很熱，但又可能會突然出現令人不舒服的氣溫驟降。乾熱的西洛可風依然未曾停歇；它偶爾會掃過這座城市，特別是在夜間。儘管如此，現在至少不再下雨了，因此他決定每天還是多出去散散步，多培養一點體力。

在史蒂芬醫生最後一回前來維多利亞旅店探望時，感受得到他有點激動。這位醫生表示，自己的妻子昨天產下了第二個女兒，母子均安，夫妻倆決定把這個女孩取名為瓦汀娜（Vadine）。此事讓這位醫生變得異常健談。

在史蒂芬醫生講話的同時，他卻沉浸在燕妮生產的回憶裡：他想起當時燕妮承受了多大的痛苦，想起當燕妮開始尖叫時在巴黎、在布魯塞爾、在倫敦把他推出房間的助產士。想起當一切慌亂都過去時自己在毯子裡見到的小臉，想起精疲力竭躺在床上的燕妮。過去了。接著他看見燕妮出現在自己面前，她明知自己就要死了，卻還是勉強露出微笑。當她用英語和他說話時，聲音變得越來越平細。

為了不被這些影像壓垮，他強迫自己專心聆聽這位興高采烈的醫生告訴他的一些好消息。在敲了敲他的胸腔後，醫生對他說，他的胸膜炎如今已經痊癒了。儘管咳嗽顯示出他還未克服支氣管炎，不過在醫生看來，這對搭船返回法國應該不會有什麼大礙。醫生開了一罐碘酊，主要是讓他擦在左胸上半部，如果可以的話也該擦在後背。醫生還建議，由於黏膜炎的緣故，一到法國最好立刻繼續就醫。他會提供一份詳細的書面病歷，可把它轉交給當地的醫生，讓他們能對目前的病情有完整了解。

在接下來的幾天，他持續擴大自己的散步範圍。風勢幾乎沒有什麼緩和，風沙更使得他不時咳嗽。阿爾及爾氣象辦公室的公告說這是「強烈的大氣運動」，但他再也不想被這種公告嚇退。是時候動身了，他待在此地就快滿十週；自從在柏林結束學業後，他就不曾在沒有家人或恩格斯的陪伴下度過那麼長的時間。這段時間陪伴他的，就只有他自己的思緒。有時他認為自己感覺到了舊的力量回歸，可是他明白，某些事情改變了，已成定局。他決定盡快寫封信給女兒中唯一有子女的燕妮，告訴她一些與家庭生活有關的重要事情，和她聊聊這個比宏觀世界更有意思的微觀世界所具備的意義。他無法對先前曾有過三名子女、如今卻連一個也不剩的蘿拉提起這樣的事。不過他倒是想起了一個古老的阿拉伯智慧寓言，並在一封信裡把這個故事告訴了她。他相信，她會看懂字裡行間要表達的是什麼。故事是這樣的：在一條湍急的河邊，有位船夫在等著要過河的客人上門。有位哲學家上了他的渡船，請這位船夫載他到對岸。在航行過程中，哲學家問船夫……

哲學家：船家，你懂歷史嗎？

船夫：不懂！

哲學家：那麼你丟失了自己一半的人生！你有學過數學嗎？

船夫：沒有！

哲學家：那麼你丟失了自己超過一半的人生……

哲學家話都還沒說完，突然起了一陣大風，吹翻了渡船，船夫與哲學家雙雙落水。

只聽見船夫大聲問：你會游泳嗎？

哲學家：不會！

船夫：那麼你丟失了自己全部的人生。

如今他的散步範圍已能擴大到上阿迦（Agha Supérieur），那是上穆斯塔法隔壁的一區，位於阿爾及爾南邊，在一些海水浴場的上方。他很訝異地在那裡，在那個偏遠的郊區，發現了某位攝影師的小型工作室。主人E．杜特（E. Dutertre）相當自豪地把自己的大名寫在入口旁的招牌上。隔壁有家理髮店，理髮師顯然是這位攝影師的親戚，因為店門口同樣也標記了杜特這個姓。這讓他興起了一個念頭。他的鬍子和長髮困擾著他。刮刮鬍子、剪剪頭髮，這個想法頗具吸引力，他將以完全不同於來時的面貌離開阿爾及爾。但他無法如此輕易地捨掉鬍子；他的女兒和孫子從未見過沒有鬍子的他，就連在報紙或政黨的圖片上，他那顆帶有落腮鬍與鬃毛的頭，也早已化為一個強有力的形象，一個他不想失去的形象。

他毫不猶豫地拉開了攝影工作室的大門。主人，一位法國人，並非單獨在店裡。有個約三歲大的小男孩，看起來像店主的兒子，他原本在屋裡的角落玩耍，可是一看到陌生人，就立刻跑向他的父親，緊緊抱住大腿。

他不禁笑了出來。他不曉得在自己外孫身上見過多少次這種情況。當他們在阿讓特伊散步時遇到陌生人，如果父母不在附近，某個外孫就會突然這樣子試圖把他的大腿當成避難所。他總把這樣的舉動視為某種獎勵。

他很快就跟這個小男孩的父親達成協議。這位攝影師杜特是個樸實人，有自己的品味，沒有他在倫敦見過的那些攝影師的習氣；他們會把他晾在撩起的簾子前或鋪著天鵝絨的桌子旁，自己則在一旁滔滔不絕地談論古代知名畫家畫作裡的帷幔。杜特推開通往鄰室的簾子請他進入。工作室中央有一部相機，架在一個木製三腳架上，外頭的光線穿過兩個窗戶灑落在一片用黑布覆蓋的牆上。攝影師請他坐在牆前的一張椅子上，他向他保證，椅子絕對不會出現在相片內。當杜特用鎂填充閃光燈時，那個小男孩一直待在父親身旁。小男孩顯然非常熟悉所有程序，在等待閃光時既未顯露出恐懼、也未顯露出歡愉。

為了吸引小男孩的注意，他從背心底下抽出了綁在項鍊上的單片眼鏡，在拇指與食指之間轉動鍊子，讓單片眼鏡像個小陀螺般旋轉。他還對著小男孩笑了一笑，一如對著自己的外孫微笑。然而這個小男孩卻面無表情，安靜地站在他的父親旁邊，彷彿自己就是個攝影師。當一切就緒，杜特請他鬆開單片眼鏡，看著照相機，暫時不要有任何動作。

鎂光在房裡閃過，他抬起眼望向鏡頭。正當他還在房裡目眩地眨著眼，杜特已在那裡擺弄相機，從裡頭抽出了感光板，隨即帶著它走進暗房，兒子則緊跟在後。

幾分鐘後，攝影師走了回來，這時卻已不見那個小男孩，他怕是已經受夠了這位客人。杜特表示，相片與副本的完成需要幾天時間，不過，為了趕上這位客人緊迫的啟程日，他會破例盡力加速完成這項工作，在即將到來的週日交出照片。

隔壁那位理髮師也一樣樸實與俐落，家族相似性顯而易見。即便要求刮除一臉既長又密的落腮鬍，他也不會囉哩八唆。理髮師揮揮手要他在一張簡單的椅子上坐下，那是他唯一能夠提供的椅子。理髮師用一條白色的布覆在他的肩膀和胸部。他先用剪刀把鬍子剪短，在臉頰與脖子上塗上泡沫，接著再用剃刀刮除剩餘的鬍鬚。這位理髮師的一雙巧手迅速且熟練地完成了工作，接著再拿起剪刀把頭髮剪短，在短短幾分鐘之內一切就結束了。

理髮廳裡只有唯一的一面鏡子，就在椅子旁邊；由於它被放得很高，所以人們必須站起來才照得到。當這位理髮師用一條濕毛巾將剩餘的泡沫擦除，並為他抹上聞起來略有甜味的刮鬍水時，他在自己臉上明顯感受到了毛巾與理髮師的手指。接著他起身照了照鏡子。前後的反差著實令人吃驚，鏡中的那個人顯得更為年輕、纖細，與先前的自己簡直判若兩人。他側過臉，摸摸自己臉頰與脖子上的皮膚，整整衣領，然後轉身付錢。

當他帶著反差如此大的新造型返回維多利亞旅店時，當然也讓其他房客還有費梅大吃一驚。只不過，啟程前那幾天有一大堆事情要處理準備，實在沒什麼時間去評論自己的改變。他是對的。必須打包行李，必須和老闆娘愛麗絲結清帳單，必須去阿迦那裡找杜特領取相片，必須為女兒們準備一些阿爾及利亞的紀念品。

啟程那天天氣相當炎熱，西洛可風依然肆虐著。為了排除馬車夫可能的任何延誤，費梅在中午時分就搭著出租車從阿爾及爾市區前去維多利亞旅店。如同事先約定好的那樣，費梅在午餐後抵達，還帶來了關於行程安排一個無足輕重的變動消息。費梅告訴他，從馬賽開過來的不是《薩伊德號》，而是同一家公司「海洋運輸」（Messageries Maritimes）旗下的《佩呂斯號》（*Péluse*）。這兩艘船基本上沒什麼不同，只不過《佩呂斯號》是由另一位船長指揮；也就是說，回程途中他無法再在《薩伊德號》上見到馬歐中尉了。然而，《佩呂斯號》的來頭其實也不小，它其實是首批在一八六九年就通過蘇伊士運河（Suez Canal）的船艦之一。是艘很有歷史的船。

當馬車夫與費梅將行李搬上車時，他趁這時向老闆娘愛麗絲、管家羅莎莉女士及其他房客道別。向上通往市區的盤山公路如今他已很熟悉，搭乘出租車讓他覺得路程很短。不過，費梅卻告訴他，他恐怕會有個不平靜的回程：根據「海洋運輸」港口辦公室所提供的消息，很遺憾地，近幾日的風暴讓大海變得極不平靜。

他聽了聳聳肩。他告訴費梅，這幾個月來，壞天氣始終如影隨形地跟著他。這場天氣的災禍早在英國就已經開始，無論他去到哪，嚴寒、暴雨、狂風總是對他不離不棄。要不，就至少像現在這樣，氣溫會突然變得極高或極低。一旦他登上至今一直陽光普照的南法海岸，當地恐怕馬上就會被狂風暴雨給侵襲了。

到了港口，費梅又再次指揮大局，負責揮手招來挑夫，與船家討價還價，張羅行李的裝載；這讓他除了對這位法官連聲道謝以外，只能袖手旁觀。在道別時，他誠摯地祝福費梅，無論日後決定前往突尼斯或新喀里多尼亞任職，都能獲得好運；然而，這回卻換成了費梅搖搖頭、聳聳肩。他們最後一回握了手。

船上有個不受歡迎的驚喜正等著他。儘管他和在《薩伊德號》上一樣都是訂頭等艙，他卻得與另一位旅客，一位來自里昂（Lyon）的商人共用船艙。有許多冬季旅客害怕非洲的酷熱紛紛離開阿爾及爾，所以這艘船擠滿了旅客。然而，他卻不想為此而壞了自己的啟程心情。他讓那位商人獨自待在船艙裡，自己則登上甲板，再看看這個城市最後一眼；那巨大的白色房屋群，即使在傍晚的光線下，它的輪廓也沒有變得比較柔和。胸膜炎的危機算是度過了。不久之後，各地的空氣將變得又暖又乾。屆時，惱人的咳嗽也將離開。是時候重拾工作了！

結語　或：照片與鬍鬚

事實證明，馬克思悲觀的天氣預報還真的十分準確！正如他在與費梅道別時那番諷刺的預言，當抵達馬賽時，他確實也從阿爾及利亞把雨水帶到了南歐。自從妻子死後，無論他走到哪，壞天氣就跟到哪，這絕非只是某種隱喻，而是一場實實在在的烏雲罩頂。「確實，我如今是個『在劫難逃』的人，甚至還對自己的這項特質感到驕傲，預言的確已有部分實現」，他寫信告訴女兒愛琳娜。「從一月起，里維拉那裡就一直享受著燦爛的夏日氣候，只有少數身在福中不知福的人抱怨雨下得太少。當我在五月四日抵達馬賽時，雨開始下了起來；有時一整天都在下雨，但較常是下個半天，而且多半都在夜裡；氣溫普遍下降；〔……〕寒風；總是多變的、不同的天氣；空氣中充滿水氣，即使這種情況並不常見。」153

相反地，針對他的健康狀況所做的那些樂觀假設，事實證明是錯誤的。他認為已經克服了的胸膜炎，其實並未痊癒。馬克思於五月八日在蒙地卡羅（Monte Carlo）向一位來自亞爾薩斯的醫生求診，這位名為庫納曼（Kunemann）的醫生確診他再次罹患胸膜炎。這其實一點也不奇怪；根據今日的醫學知識，馬克思先前所接受的那些折磨人的治療，根本毫無意義。罹患胸膜炎時堆積在不同胸膜層之間影響肺部功能的那些液體，根本無法經由皮膚排出體外。利用含有斑蝥膠棉的濕敷藥物所做的治療，符合當時的知識水準[154]，但卻一點也沒有成功的機會。換言之，醫生們好心花了好幾個月的時間，無謂地從馬克思身上剝掉了許多皮！

根據馬克思在那些下雨的五月天與恩格斯來往的書信，我們還能重建另一個值得注意的醫學細節。在向庫納曼醫生求診時，馬克思給了對方一張寫著「Dr. Karl Marx」的名片，這位醫生因為馬克思的博士頭銜誤把他看成是位醫生。因此，在閱讀過史蒂芬醫生的病歷報告並做了些初步檢查（像是敲擊和聆聽胸腔）後，他異常坦白地與馬克思討論了自己的發現。在這當中，他不僅提到了胸膜炎和這時被認定為是「慢性」[155]的支氣管炎，他甚至還提到了結核桿菌的發現。結核桿菌的發現是羅伯特．柯霍（Heinrich Hermann Robert Koch）在六週前，也就是一八八二年三月二十四日，在柏林所做的一場演講中宣布的，接著才在四月十日正式發表。從一封原已佚失的信中我們也得知，不久之後，就連恩格斯也向馬克思提到了這項醫學上的驚人成就。然而，在馬克思與醫生們所做的診斷，和他對自己病情猜想的有關陳述中，卻從未出現過諸如「肺結核」或「肺癆」等字眼。這讓人感覺到，他是出於恐懼刻意避開這些詞彙；儘管顯著持續的咳嗽，以及在阿爾及爾的咳血現象，都是很明顯的症狀。如果恩格斯和庫納曼醫生都沒有想到馬克思罹患肺結核，他們為何要告訴肺部嚴重生病的馬克思羅伯特・柯霍的研究成果呢？然而，在馬克思至今被保存下來的所有陳述中，這種對他而言可謂是災難的可能性，他卻隻字未提。就連在此時被確診為「慢性」的支氣管炎，他也試圖藉由將它們歸結於某些平庸的原因，降低它們的重要性：「為何庫納曼醫生會把〔……〕這個支氣管炎說成是「慢性」的呢？因為整個里維拉的天氣變得如此不尋常地惡劣與異常。」[157]

就連到了六月，在坎城（Cannes）稍做停留，並動身前往阿讓特伊拜訪女兒燕妮及其家人，他依然被天氣厄運所纏身。「〔……〕在我抵達之後，事實上是在我抵達的隔天，氣溫就開始驟降。」[158]偶爾會有幾天比較溫暖怡人，不過，在一封燕妮一八八二年八月二十五日寫給恩格斯至今未曾公開的信件中，燕妮卻提到了，那時幾乎每天都在下雨，當地人全都一致認為三十年來從未遇過天氣如此糟糕的夏天。這種持續濕冷的天氣當然不利於馬克思的肺病與咳嗽痊癒。同樣也是從一封蘿拉寫給恩格斯至今未曾公開的信中，我們得知，只有在日內瓦湖旁的沃韋（Vevey）（他在九月時和他的女兒蘿拉一同前往），馬克思才總算享受到一、兩週晴朗的好天氣。直到就連沃韋也都迎來壞天氣，這時馬克思才重返離開了八個月的倫敦，迎向陰沉的英國秋季。

如果說，在這樣的情況下，馬克思找不到處理《資本論》第一卷新版校樣的幹勁，我們是可以理解的。然而，他在先前將近十五年的時間裡，不斷拖延後續的兩卷，從而遲遲未能完成自己人生中的偉大計畫，這項事實卻也令人訝異。對於他的無所作為，並沒有什麼令人信服的解釋。這不禁令人懷疑，他一方面無法消除科學研究所引發對他自身工作的質疑，另一方面卻又無法承認自己的失敗。資本主義經濟並未如他所預言的那樣，很快就在危機中敲響了喪鐘；相反地，他只能眼睜睜看著經濟持續表現卓越。他最初的信念（無產階級革命無可避免地會從工業與經濟方面最先進的國家展開，因此他把英國擺在自己研究的核心）早就不得不默默地放棄。在倫敦待了三十年後，他也心知肚明，英國的勞工階級並不想要發動什麼政變，他們其實只想確保自己能在資本主義所創造的富裕中分得更大的份額。做為替代，且在對原始理論作了顯著的調整下，馬克思這時改將革命的希望寄託在專制的、工業低度發展的、深受農業影響的俄國；這樣的轉變甚至讓他在忠心耿耿的恩格斯身上都遭遇了懷疑。

這種日益動搖的意識狀態，對於馬克思代表了什麼呢？在守護了一輩子的自我形象與對自身預言能力的信心嚴重削弱下，他有多少能力可以維持住它們呢？他不是一個通達人情的人，他對其他方面無限的好奇心從來不曾擺在心理學上，就連對他的妻子、子女以及恩格斯，他的移情能力往往也都低得驚人。因此，如果他對自己的潛意識以迂迴方式告訴自己的一些事情充耳不聞，這其實也沒什麼好大驚小怪。

或許，在這樣的背景下，我們可以把他在阿爾及爾理髮的這件事不單單只看成一次理髮。馬克思在一八八二年四月二十八日寫給恩格斯的一封信中附帶提到，自己「收起了先知的鬍子與學究的假髮」，「把毛髮獻祭給阿爾及利亞某位理髮師的神壇」。[159] 他以一種明顯諷刺的語氣使用了宗教性的字眼（「先知」、「獻祭」、「神壇」），戲謔而不正經地證實了「他徹底改變了自己自學生時代起所習慣的外型」這個消息。就連他只在信的附錄裡，換言之如同註腳，提到他刮鬍和理髮的事，也都顯示出了他有多不看重自己的外型改變。然而另一方面，他卻向恩格斯報告了自己的外型改變，儘管他可能在半年後才會再次見到這位朋友；也就是說，根本沒有任何必要在當下提及這

Karl Marx, la barbe coupée.
© S.G.

沒有鬍子的馬克思（模擬）

個看似不重要的主題。

而且，在形容自己的「毛髮獻祭」時，他還用了具有高度宗教激情的一些用語，儘管他試圖藉由諷刺來緩和。刮鬍和理髮，對他來說，顯然還是比他有意或無意表現出的反應更加意義重大。從一幀模擬馬克思剃除毛髮後的照片，我們可以看出那次的理髮會給他帶來多大的改變。直到今日，沒有鬍子的馬克思簡直是難以想像，對於每天與他來往的那些人，情況恐怕更是如此。這讓「馬克思為何如此徹底地改變自己的外貌」這個問題變得更為重要。

他告訴恩格斯的理由聽起來並不太有說服力。他寫道，自己茂盛的頭髮必須屈服於「大太陽」；雖然他在同一封信裡也抱怨了不斷持續的西洛可風暴，並把天氣描述成「有時炎熱」[160]，而在他返回法國的前五日裡無法預見當地會有怎樣的氣溫等著他；是的，他甚至還半開玩笑地預期會降雨和降溫。

最晚在他於一八七一年發表了轟動一時的頌揚巴黎公社的悼詞後，馬克思極具特色的腦袋已成為一個國際知名的註冊商標。在十九世紀的大鬍子反叛者傳統中，他的鬍子不僅標誌了反抗精神與反叛意志，同時也標誌了所有與這類大鬍子在潛意識上有所關連的其他特質：智慧、尊嚴、經驗、力量、性能力。此外，當馬克思在寫給恩格斯的信中提到自己剪掉了「先知的鬍子」，在這一系列特質中他又增添了一項重要的特質。馬克思曾在一八五二年時奚落過戈特佛里德・金克爾，當時金克爾剛被人從普魯士的監獄裡放出來，一直等到他的鬍子重新長出後，才敢再度公開露面；誠如馬克思所言，「沒有它們，就沒有什麼先知」。[161]

雖說這當然只是一種猜測，然而，如果我們把馬克思除去自己的先知鬍子這個令人意外的決定，看做是某種祕密的、甚至就連他自己也一起被隱瞞了的供認，供認自己不再把自己當成先知看待，因為自己對自己的政治預言實在抱持了過大的懷疑，它卻是一個非常合理的猜測。

馬克思最後的照片，一八八二年攝於阿爾及爾

在提起勇氣讓理髮師的剪刀和剃刀除去自己的毛髮前，再次留下一張帶著大鬍子的肖像照片，這項決定是個非常具說服力的線索；它提示了我們，他對自己創造的這個註冊商標賦予了什麼樣的價值。人們可以在這當中見到一個在情感矛盾方面特別經典的案例。既想認真保護

自己的形象，又想深刻改變自己的形象。

光是從這張刮鬍前的肖像，我們就能看出一個已經改變了的馬克思。從一八六一年到一八八二年，馬克思共有十五張不一樣的照片，在那之前則只有一些畫像。十九世紀的人對照相這件事所抱持的態度，當然截然不同於如今隨時隨地都能自拍的我們，他們在相機面前通常都遠比今日的我們更為羞怯、正式、拘謹。儘管如此，如果我們觀察一下馬克思的肖像照，會不難看出，除了在阿爾及爾拍的那張照片以外，在其他的照片上，我們都能看到一個擺著十足架勢、嚴肅的、或許算不上是憤怒的男人，他的鬍子總是維持著一段經過精確計算的長度。一直到一八六〇年代中期，他的鬍子還有部分是黑色的，長度大約可以蓋過襯衫的領子；在那之後，他的鬍子全都變成灰色，長度則多了兩指寬。就連在一八六四年與女兒們及恩格斯在戶外一起留影的合照上，他也沒有露出微笑。反倒顯得冷酷、內向且異常地心不在焉。誠如歷史學家約爾根．赫爾斯所指出，我們可以在這當中看出「恩格斯與馬克思自己是在什麼心態下投入這些攝影」。[162]很顯然，馬克思並不想讓自己的不同形象在社會大眾間流傳，他想尋求的是具有代表性的、容易辨識的、對公眾來說是「有效」的肖像。

然而，杜特在上阿迦幫他拍的照片卻是截然不同。照片上的馬克思顯露出一種微笑的、略帶嘲諷的面貌，它消除了所有的嚴肅，卻又不傷攝影對象的尊嚴。在這張照片上，馬克思就像個自信卻慈祥的祖父，完全不像一個想憑藉自己富開創性的理論去改變世界的思想家。這是一張暴露出馬克思私下某些事物的照片，它所暴露出的，甚至遠比與女兒及恩格斯的合照還多：它表明了，他是一個人，而不是一座紀念碑。

這也符合了，馬克思在人生的最後幾個月內，寧可當一個家庭的家長，而不是某個世界政治運動的領袖。這點對他在阿讓特伊的那些外孫特別有益；誠如某些證人所言，在那個濕冷的夏天，他和外孫們玩得特別盡興、特別投入。對於他的外孫來說，足足有三個月之久，他就像是沒沒無名的攝影師杜特在阿爾及爾偏遠郊區為他拍的那張肖像照上的那個慈祥、率真的外公。或許，對當時的馬克思來說，家庭的「微觀世界」確實變得比政治的「宏觀世界」[163]更有趣。當然，當他的女兒燕妮在一八八二年八月二十五日的一封信裡說他的父親，「〔……〕還不是他自己」，她所指的是他受損了的健康狀況；但也許，她所感受到的變化，並非只是生病的結果。

返回倫敦後，馬克思對那裡的天氣受不了多久。到了十月底，他動身前往英國南岸懷特島上的文特諾（Ventnor）。他希望能在那裡安然度過晚秋與冬天。惡劣的天氣再次不放過他，雖然他這回幾乎沒有抱怨，因為「儘管天氣不穩定，多風暴，雨、晴、乾、冷等等相互交替，但卻很少起霧」。[164]接著，從十二月起，他開始提到下雨和暴風雨，但由於感冒、「喉嚨罹患黏膜炎」[165]、嚴重咳痰，他反正是不能外出。

這時，他最擔心的不再是自己的健康，而是他女兒燕妮的健康。在初夏時，燕妮被診斷出罹患了膀胱疾病，後來更迅速惡化成膀胱癌。起先她試圖對父親隱瞞自己的病情，然而當她變得越來越虛弱，家人除了向馬克思坦白實際情況的嚴重性，也別無他法。當馬克思在一月初得知燕妮的情況十分危急時，他寫信告訴恩格斯：「就像是我的喉嚨此時被所有的神經激動給掐住那麼特別。」他「在最初對於來自巴黎的壞消息所感到的震驚中〔……〕引發了一陣痙攣性的咳嗽」，當時他「認為自己就要窒息」。[166] 明知不可能，他還是把希望寄託在保羅．拉法格從巴黎寄來的一封將狀況美化過的信。短短三天後，愛琳娜不得不告訴他姐姐燕妮的死訊。愛琳娜曾回憶當時的情況表示，那個消息深深震撼了他，就彷彿他聽到自己被宣告死刑。

馬克思立即動身從文特諾返回倫敦。此時的他已是身心俱疲。咳嗽、支氣管炎、喉嚨黏膜炎、持續的失眠、吞嚥時日益劇烈的疼痛，消耗了他大量的體力。此外，醫生還診斷出他罹患了「肺潰瘍」。最終，馬克思只喝加了蘭姆酒與白蘭地的牛奶，他的體力日益消失。恩格斯每天都來探望他。到了一八八三年三月十四日，當他前往馬克思家，女傭海倫娜．德慕特慌慌張張地開了門。他發現「滿屋子哭聲」。「他似乎走到了盡頭。我詢問，把事情搞清楚，慰問。一陣小出血，但人卻突然昏倒。我們那忠實的老女傭，沒有一個母親照顧孩子能比得上她盡心盡力照顧他的程度，她跑上去，又跑下來；他半睡半醒，我想過去陪他。當我們走進去，他躺在那裡，正在睡覺，但再也不打算起來。心跳和呼吸繼續。過了兩分鐘，他安詳、無痛地長眠了。」[167]

卡爾・馬克思走了。

三天後，三月十七日，他被安葬在倫敦北部的海格墓園；十五個月前，他的妻子燕妮也被安葬在同樣的地方。那場葬禮只有十二個人參加。恩格斯在祭文中表示，他的朋友或許是「他那個時代最被痛恨與最被污衊的人」，然而，如今他已撒手人寰，「他將受到從西伯利亞礦場跨越整個歐洲一直到美國加州的數百萬革命同志的尊敬、愛戴與哀悼」。[168]

將近九十年後，與馬克思健康狀況有關的可用資料與歷史陳述，被洪堡德大學醫學院的醫生們重新檢視與評估。「出乎他周遭人意料，馬克思死於一八八三年三月十四日。恩格斯所陳述的，因肺潰瘍造成的內出血，被當成死因。負責治療的醫生是否也這麼認為，我們從已知的文獻上看不出來。『肺潰瘍』一詞，由於它的歧義性，如今已不再為人所使用。不過我們倒是可以假定，馬克思的死是肺結核擴散所導致。以下的這些事實，為我們提供了這項假定的立足點：在一八八二年時，亦即他去世的前一年，馬克思由於（濕潤的）胸膜炎造成左側積液，經驗顯示，這樣的胸膜炎百分之九十五都是結核性的。沒有證據支持是胸膜積水（hydrothorax），也就是主要發生於心臟衰竭或腎衰竭的鬱血所導致的液體蓄積。相反地，帶有『可怕的』咳出物的咳嗽、左胸的疼痛、包括失眠與食欲不振在內的總體健康狀況不佳等症狀，統統都指向結核發生。」[169]

如今，就只剩有關思想家卡爾・馬克思的知識遺產的問題。他在《資本論》所發展出的勞動價值理論，如今已被視為過時，在經濟學研究中再也不扮演任何角色。他的預言，在資本主義國家無產階級會變得極度貧困，並沒有發生；相反地，就算是財富分配不均，即使是相形之下屬於貧窮的族群，他們的財富增長也同樣到了從前幾乎難以想像的地步。他的論點，唯有勞工階級可以是革命主體，從而也是世界歷史更新的發起者，最遲到了真正的社會主義垮台後，也失去了它們所有的可信度。他的假設，現代社會的所有矛盾與驅動力都源自於勞動與資本之間的核心對立，有鑑於針對歷史、文化、宗教、性別、媒體、氣候和其他的因素的複雜性所做的社會學研究，也無法維持。他的信念，歷史的發展是目標明確的，遵循著固定可證的模式，更完全禁不起對歷史事實的深入檢驗。對於馬克思歷史哲學的預測能力所抱持的信心，也因此消滅。受制於德國唯心主義傳統與黑格爾的系統觀念，馬克思將一些與我們現今科學思想格格不入的概念、論證模式與方法納入他的意識形態中。

然而，他精確地將資本主義表述成一個同樣傾向於無限與無情的利用系統，至今仍令人信服。做為一位提早描述了資本主義經濟形成的歷史學家，他的成就無可爭議。藉由發現生產關係對一個社會的結構與意識所造成的影響，他為一門新的、在他生存的年代尚未為人所知的學科——社會學——奠定了基礎。然而，最重要的是，類似於佛洛伊德對潛意識所做的研究，他為現代灌注了一種思想，這種思想如今已變得理所當然到我們幾乎察覺不到它，那就是：對人類存在的任何現象所做的分析，只要未曾考慮到它們在社會的經濟結構中的物質基礎，那樣的分析就不夠完全。馬克思藉此為後代創造了一項思考工具，這項工具讓後代的人們在知識水平上有了關鍵性的擴張。

謝詞

我要感謝Karin Graf、Edgar Bracht、Klaus von Fleischbein-Brinkschulte、Holger Kuntze、Dirk von Petersdorff，還有尤其是Jürgen Herres，在寫作這本書上給予我的幫助。

不過，我特別要感謝Marlene Vesper，她的《馬克思在阿爾及爾》（*Marx in Algier*，Bonn 1995）一書為本書提供了無數重要的刺激和提示。我想，Marlene Vesper和我對卡爾．馬克思及其作品，恐怕有著截然不同的看法。不過，在收集馬克思逗留阿爾及爾期間的大量相關資料上，她所表現出的執著與準確，卻令我無限佩服。

我同樣想要致謝的對象還有：德國國家圖書館法蘭克福分館、法蘭克福大學總圖書館、柏林．布蘭登堡科學院、位於柏林的醫學史暨醫學倫理學研究所、位於莫斯科的俄羅斯國家社會政治史檔案館，該館允許我閱覽一八八二年時馬克思女兒寫給她的父親或恩格斯的十二封至今未曾公開的信。

十九世紀後半葉一些歷史性的旅行報告幫助了我，得以對馬克思那個時代的阿爾及爾與上穆斯塔法有個較為清楚的認識。我特別要感謝以下的資料：

George Gaskell, *Algerien wie es ist*. Wien 1877.

Wilhelm Kobelt, *Reiseerinnerungen aus Algerien und Tunis*. ed. Senckenberg Gesellschaft für Naturforschung. Frankfurt am Main 1885.

Gustav Rasch, *Nach Algier und den Oasen von Siban in der großen Wüste Sahara*. Dresden 1875.

Otto Schneider, *Der climatische Curort Algier. Schilderungen nach dreijähriger Beobachtung in Stadt und Provinz zugleich ein Rathgeber für Reise und Aufenthalt*. Dresden 1869.

Bernhard Schwarz, *Algerien (Küste, Atlas und Wüste) nach 50 Jahren französischer Herrschaft. Reiseschilderungen nebst einer systematischen Geographie des Landes*. Leipzig 1881.

Pierre de Tchihatchef, *Spanien, Algerien und Tunis. Briefe an Michel Chevalier*. Leipzig 1882.

Fritz Wernick, *Durch Nord-Afrika und Spanien. Reisestudien*. Leipzig 1881.

關於十九世紀中葉在馬克思拜訪阿爾及爾的那幾個月裡阿爾及爾及其周邊的植物美景，我從Schramm的以下這篇文章獲益匪淺：*Die Frühlings-Vegetation in einem Theile von Algier. In: Österreichische Botanische Zeitschrift*, Vol. 9, No. 9 (September 1859), p. 277–294.

註釋

馬克思與恩格斯的作品、手稿、書信、選錄，將分別用以下的方式標註：

Marx-Engels-Gesamtausgabe, Berlin, Dietz Verlag bzw. Akademie-Verlag, 1975 ff.（縮寫為：MEGA）

Marx-Engels-Werke, Berlin, Dietz Verlag, 1956–1990（縮寫為：MEW）

1. Lutz Schwerin von Krosigk, *Jenny Marx*. Wuppertal 1975. p.17
2. Paul Lafargue, *Persönliche Erinnerungen an Karl Marx*. In: *Mohr und General. Erinnerungen an Marx und Engels.* ed. by Institut für Marxismus-Leninismus beim ZK der SED. Berlin 1964. p.323–324
3. Manfred Schöncke, *Karl und Heinrich Marx und ihre Geschwister*. Bonn 1993. p.229–230
4. ibid., p.230
5. ibid., p.231
6. ibid., p.231
7. Heinz Monz, *Karl Marx. Grundlagen der Entwicklung zu Leben und Werk.* Trier 1973. p.136
8. ibid., p.397–400

9. Jörn Schütrumpf, *Jenny Marx oder: Die Suche nach dem aufrechten Gang.* Berlin 2008. p.12
10. *MEGA*, III/1, p.290
11. *MEGA*, III/1, p.290
12. *MEGA*, III/1, p.308
13. Hans Magnus Enzensberger (ed.) *Gespräche mit Marx und Engels.* Frankfurt am Main 1981. p.2
14. *MEGA*, III/1, p.289
15. *MEGA*, I/1, p.489
16. *MEGA*, I/1, p.535
17. *MEGA*, I/1, p.759
18. 敏斯特大學（Universität Münster）的神學教授Prof. Dr. Erdmann Sturm建議用以下的方式解讀如謎一般的第五個詩節：「永恆的奔跑／在徒然的歡愉之後；永遠的燃燒／在最深的心坎之中（Ewiges Rennen/Nach eitler Lust;/Ewiges Brennen/In tiefer Brust;）」（參閱2017.06.16的《法蘭克福匯報》〔*Frankfurter Allgemeine Zeitung*〕第14頁）。這是以將「Reuen」和「Breuen」兩字裡上有短線的小寫「u」解讀成上有雙短線的小寫「n」為前提。由於這首詩現存的文本並非馬克思的原始手稿，而是他的妹妹蘇菲（Sophie）抄錄的副本，因此可以有許多的解釋。
19. 包括了《人的驕傲》（*Menschenstolz*）、《絕望的祈禱》（*Des Verzweifelten Gebet*）、《末日審判》（*Weltgericht*）和《希望》（*Wunsch*）等詩作，in: *MEGA* I/1, p.487–489, p.640–641, p.641–642 and p.718–720
20. *MEGA*, III/1, p.10
21. *MEGA*, III/1, p.294
22. *MEGA*, III/1, p.317
23. *MEGA*, III/1, p.10
24. *MEGA*, III/1, p.321
25. *MEGA*, III/1, p.303
26. *MEGA*, III/1, p.17

27. *MEGA*, III/1, p.325

28. *MEGA*, III/3, p.27

29. *MEGA*, III/9, p.44

30. *MEGA*, III/12, p.136

31. *MEW*, Band 32, p.75

32. *MEGA*, III/5

33. Richard Friedenthal, *Karl Marx*. München 1983. p.51

34. Friedrich Schlegel, *Kritische und theoretische Schriften*. Stuttgart 1978. p.191

35. G. W. F. Hegel, *Werke 1. Frühe Schriften*. Frankfurt am Main 1971. p.236

36. Jürgen Habermas, *Zur Rekonstruktion des Historischen Materialismus*. Frankfurt am Main 1976. p.103

37. *MEGA*, I/1, p.644

38. *MEGA*, I/1, p.17

39. G. W. F. Hegel, *Werke 2. Jenaer Schriften 1801–1807*. Frankfurt am Main 1971. p.495

40. *MEGA*, I/1, p.17

41. Arnold Ruge, *Briefwechsel und Tagebuchblätter*. Band 1. Reprint 2003. p.286

42. Hans Magnus Enzensberger (ed.), *Gespräche mit Marx und Engels*. Frankfurt am Main. loc. cit. p.3

43. *MEW*, Band 31, p.518–519

44. *MEW*, Band 33, p.84

45. *MEGA*, III/1, p.366–367

46. *MEGA*, III/1, p.368

47. *MEGA*, III/1, p.396

48. *MEGA*, III/1, p.37

49. *MEGA*, I/1, p.240

50. *MEW*, Band 19 p.96

51. Hans Magnus Enzensberger (ed.) *Gespräche mit Marx und Engels*. loc. cit. p.6

52. ibid. p.10

53. Joseph Hansen (ed.), *Rheinische Briefe und Akten zur Geschichte der politischen Bewegung 1830 – 1850*. 1. Band. Düsseldorf 1997. p.404
54. *MEGA*, III/1, p.43
55. *MEGA*, III/1, p.44–45
56. Jenny Marx, *Ein bewegtes Leben*. Berlin 1989. p.25
57. *MEGA*, III/1, p.46
58. *MEGA*, I/2, p.164–168
59. *MEW*, Band 30, p.257–259
60. *MEW*, Band 31, p.527–528
61. *MEW*, Band 21, p.212
62. *MEW*, Band 36, p.218
63. *MEGA*, III/1, p.506–508 and p.513–515
64. *MEGA*, III/12, p.308
65. *MEGA*, III/12, p.318
66. *MEGA*, III/12, p.321
67. Heinrich Heine, *Sämtliche Schriften*. Band 7. Frankfurt/Main. Berlin. Wien, 1981 p.485–486. 評論見於：Heinrich Heine; *Sämtliche Schriften*. Band 8. Frankfurt/Main. Berlin. Wien, 1981 p.981–982
68. Hans Magnus Enzensberger (ed.), *Gespräche mit Marx und Engels*. loc. cit. p.38
69. ibid. p.36–37
70. ibid. p.44
71. Helmut Elsner, *Karl Marx in Kreuznach 1842/43*. In: *Schriften aus dem Karl-Marx-Haus*, Nr. 43, Trier 1990. p.117
72. *MEGA*, III/1, p.274
73. *MEW*, Band 18, p.96
74. *MEGA*, III/2, p.384
75. Hans Magnus Enzensberger (ed.), *Gespräche mit Marx und Engels*. loc. cit. p.59
76. Wolfgang Schieder, *Karl Marx als Politiker*. München/Zürich 1991. p.16
77. *MEW*, Band 13, p.8–9

78. *MEGA*, I/5, p.22

79. *MEW*, Band 4, p.482

80. Michail Bakunin, *Staatlichkeit und Anarchie und andere Schriften*. ed. by Horst Stuke. Frankfurt am Main, 1972. p.564–565

81. Moses Hess, *Philosophische und sozialistische Schriften 1837–1850*. ed. & prefaced by Auguste Cornu and Wolfgang Mönke. Berlin 1961. p.44

82. *MEGA*, III/1, p.199–200

83. *MEGA*, I/11, p.250

84. Jenny Marx, *Ein bewegtes Leben*. Berlin 1989. p.28

85. *MEW*, Band 14, p.676

86. *MEW*, Band 21, p.19

87. Jürgen Herres, *Köln in preußischer Zeit*. 1815–1871. Köln 2012, p.253

88. *MEW*, Band 5, p.383

89. *MEW*, Band 5, p.136

90. Hans Magnus Enzensberger, *Gespräche mit Marx und Engels*. loc. cit. p.120–121

91. ibid. p.103–104

92. *MEW*, Band 21, p.19

93. Hans Magnus Enzensberger, *Gespräche mit Marx und Engels*. loc. cit. p.116

94. *MEW*, Band 6, p.7–12

95. *MEW*, Band 6, p.30

96. *MEW*, Band 6, p.463–480

97. *MEW*, Band 5, p.457

98. *MEGA*, III/3, p.44

99. Julius Fröbel, *Ein Lebenslauf*. Stuttgart 1890. second volume. p.202–203

100. *MEGA*, III/9, p.246

101. *MEW*, Band 30, p.20

102. Wilhelm Mommsen, *Julius Fröbel. Wirrnis und Weitsicht*. In: *Historische Zeitschrift*. Band 181. München 1956. p.497–532. Julius Fröbel, *Lebensschicksale eines Achtundvierzigers in der Alten und Neuen Welt*. ed. & prefaced by Wilhard

Grünewald. Heidenheim 1971. p.10–20.

103. *MEGA*, III/3, p.44

104. Jenny Marx, *Ein bewegtes Leben*. loc. cit. p.125–126

105. ibid. p.37–38

106. *MEGA*, III/5, p.96

107. *MEGA*, I/10, p.259

108. *MEGA*, I/10, p.578

109. *Mohr und General. Erinnerungen an Marx und Engels.* ed. by Institut für Marxismus-Leninismus beim ZK der SED. Berlin 1964. p.57

110. *MEGA*, III/3, p.108; *MEGA*, III/4. p.141

111. *MEGA*, III/13, p.509

112. *MEGA*, III/6, p.66

113. *MEGA*, III/7, p.187

114. *Mohr und General.* loc. cit. p.118

115. *MEGA*, III/4, p.85

116. *MEGA*, III/7, p.166

117. *MEGA*, III/7, p.189

118. *MEGA*, III/7, p.201

119. *MEW*, Band 31, p.368

120. *MEGA*, III/11, p.236

121. *MEGA*, III/8, p.129

122. *MEGA*, III/8, p.135

123. *MEGA*, III/8, p.202

124. *MEGA*, III/12, p.171

125. *MEGA*, III/12, p.634 and p.637

126. *MEGA*, I/2, p.177

127. Hans Magnus Enzensberger (ed.), *Gespräche mit Marx und Engels*. loc. cit. p.23

128. *MEW*, Band 31, p.542

129. *MEGA*, III/12, p.78

130. *MEGA*, II/5, p.666

131. *MEGA*, II/5, p.668

132. *MEGA*, II/5, p.670

133. *MEGA*, II/5, p.669

134. *MEGA*, III/13, p.509

135. *MEW*, Band 31, p.342–343

136. *MEGA*, I/21, p.482–483

137. *MEGA*, I/21, p.498

138. *MEGA*, I/22, p.223

139. *MEGA*, 1/22, p.241

140. *MEW*, Band 33, p.238

141. *MEW*, Band 33, p.591

142. *MEW*, Band 33, p.479–480

143. *MEW*, Band 31, p.281

144. *MEGA*, II/6, p.102

145. *MEW*, Band 32, p.215

146. *MEW*, Band 31, p.296–297

147. *MEW*, Band 34, p.78

148. Gareth Stedman Jones, *Karl Marx. Die Biographie.* Frankfurt am Main 2017. p.686–707

149. *MEW*, Band 19, p.385

150. *MEW*, Band 4, p.466

151. cf.: Herfried Münkler: *Zum Abschluss der Kapital-Edition in der MEGA.* In: *Marx-Engels-Jahrbuch 2012/2013.* p.70–74

152. *MEW*, Band 36, p.56

153. *MEW*, Band 35, p.325

154. Franz Riegel/O[skar] Fraentzel: *Handbuch der Krankheiten des Respirations-Apparates I.* second half. Leipzig 1877. p.459–460

155. *MEW*, Band 35, p.64

156. *MEW*, Band 35, p.63

157. *MEW*, Band 35, p.64

158. *MEW*, Band 35, p.72

159. *MEW*, Band 35, p.60

160. *MEW*, Band 35, p.59–60

161. *MEGA*, I/11, p.250

162. http://www.juergen-herres.de/jh-marx/marxfotos.html

163. *MEW*, Band 35, p.330

164. *MEW*, Band 35, p.397

165. *MEW*, Band 35, p.123

166. *MEW*, Band 35, p.140

167. *MEW*, Band 35, p.460

168. *MEGA*, I/25, p.408

169. Helmut Dressler, *Ärzte um Marx.* Berlin 1985. p.145–146

引文中省略的部分以〔……〕標示

圖片來源

p.51 Alamy Stock Photo/Sputnik

p.79 ullstein bild

p.165 International Institute of Social History, Amsterdam/Photo: Nordheim

p.187 International Institute of Social History, Amsterdam/Photo: Verberne

p.251 International Institute of Social History, Amsterdam

以下插圖摘自書本：

p.13 Malek Alloula: Alger photographiée au XIXe siècle, Paris, Marval 2001, p.47. Photo: Collection Bernard Garrett

p.34 Malek Alloula: Alger photographiée au XIXe siècle, Paris, Marval 2001, p.59. Photo: Collection Sadek Messikh, Alger

p.133 Malek Alloula: Alger photographiée au XIXe siècle, Paris, Marval 2001, p.151 r. u. Photo: Private Collection, Paris

p.202 Malek Alloula: Alger photographiée au XIXe siècle, Paris, Marval 2001, p.164. Photo: Private Collection, Paris

p.249 Salah Guemriche: Alger la Blanche.biographies d'une ville. Perrin 2012, p.140. Photo: o. Ang.

國家圖書館出版品預行編目資料

剃掉鬍子的馬克思：一位革命家的人生轉折與晚年自我追尋之旅／烏韋・維茨托克 (Uwe Wittstock) 作；王榮輝譯 . -- 初版 . --
臺北市：商周出版：家庭傳媒城邦分公司發行 , 2018.08　面；公分
譯自：Karl Marx beim Barbier
ISBN 978-986-477-522-4(平裝)

1. 馬克思 (Marx, Karl, 1818-1883)　2. 傳記

549.348　　　107013432

感謝歌德學院（臺北）德國文化中心協助

歌德學院 (台北) 德國文化中心是德國歌德學院 (Goethe-Institut) 在台灣的代表機構，五十餘年來致力於德語教學、德國圖書資訊及藝術文化的推廣與交流，不定期與台灣、德國的藝文工作者攜手合作，介紹德國當代的藝文活動。

The translation of this work was supported by a grant from the Goethe-Institut.

歌德學院 (台北) 德國文化中心
Goethe-Institut Taipei
地址：100 臺北市和平西路一段 20 號 6/11/12 樓
電話：02-2365 7294
傳真：02-2368 7542
網址：http://www.goethe.de/taipei

剃掉鬍子的馬克思：一位革命家的人生轉折與晚年自我追尋之旅

原著書名／Karl Marx beim Barbier
作　　者／烏韋・維茨托克（Uwe Wittstock）
譯　　者／王榮輝
責任編輯／洪偉傑、林宏濤

版　　權／林心紅
行銷業務／李衍逸、黃崇華
總 編 輯／楊如玉
總 經 理／彭之琬
發 行 人／何飛鵬
法律顧問／元禾法律事務所　王子文律師
出　　版／商周出版
臺北市中山區民生東路二段 141 號 9 樓
電話：(02) 25007008　傳真：(02)25007759
E-mail：bwp.service@cite.com.tw
發　　行／英屬蓋曼群島商家庭傳媒股份有限公司城邦分公司
臺北市中山區民生東路二段 141 號 2 樓
書虫客服服務專線：(02)25007718；(02)25007719
服務時間：週一至週五上午 09:30-12:00；下午 13:30-17:00
24 小時傳真專線：(02)25001990；(02)25001991
劃撥帳號：19863813；戶名：書虫股份有限公司
讀者服務信箱：service@readingclub.com.tw
城邦讀書花園　網址：www.cite.com.tw
香港發行所／城邦（香港）出版集團有限公司
香港灣仔駱克道 193 號東超商業中心 1 樓
電話：(852) 25086231　傳真：(852) 25789337　E-mail：hkcite@biznetvigator.com
馬新發行所／城邦（馬新）出版集團　Cite (M) Sdn. Bhd.
41, Jalan Radin Anum, Bandar Baru Sri Petaling, 57000 Kuala Lumpur, Malaysia.
電話：(603) 90578822　傳真：(603) 90576622　E-mail：cite@cite.com.my

封面設計／莊謹銘
內文設計／無私設計　洪偉傑
印　　刷／卡樂彩色製版印刷有限公司
經 銷 商／聯合發行股份有限公司
電話：(02)2917-8022　傳真：(02)2911-0053
地址：新北市 231 新店區寶橋路 235 巷 6 弄 6 號 2 樓

2018 年 8 月 30 日初版
定價 360 元　　　Printed in Taiwan

Original title: Karl Marx beim Barbier
by Uwe Wittstock

　ISBN 978-986-477-522-4

廣　告　回　函
北區郵政管理登記證
台北廣字第000791號
郵資已付，免貼郵票

104 台北市民生東路二段141號2樓

英屬蓋曼群島商家庭傳媒股份有限公司　城邦分公司

請沿虛線對摺，謝謝！

書號：BA9022　　書名：剃掉鬍子的馬克思　　編碼：

請於此處用膠水黏貼

讀者回函卡

不定期好禮相贈！
立即加入：商周出版
Facebook 粉絲團

感謝您購買我們出版的書籍！請費心填寫此回函卡，我們將不定期寄上城邦集團最新的出版訊息。

姓名：＿＿＿＿＿＿＿＿＿＿＿＿ 性別：□男 □女

生日：西元＿＿＿＿＿年＿＿＿＿＿月＿＿＿＿＿日

地址：＿＿＿＿＿＿＿＿＿＿＿＿＿＿＿＿

聯絡電話：＿＿＿＿＿＿＿＿ 傳真：＿＿＿＿＿＿＿＿

E-mail ：

學歷：□ 1. 小學 □ 2. 國中 □ 3. 高中 □ 4. 大學 □ 5. 研究所以上

職業：□ 1. 學生 □ 2. 軍公教 □ 3. 服務 □ 4. 金融 □ 5. 製造 □ 6. 資訊
□ 7. 傳播 □ 8. 自由業 □ 9. 農漁牧 □ 10. 家管 □ 11. 退休
□ 12. 其他＿＿＿＿＿＿＿＿

您從何種方式得知本書消息？

□ 1. 書店 □ 2. 網路 □ 3. 報紙 □ 4. 雜誌 □ 5. 廣播 □ 6. 電視
□ 7. 親友推薦 □ 8. 其他＿＿＿＿＿＿＿＿

您通常以何種方式購書？

□ 1. 書店 □ 2. 網路 □ 3. 傳真訂購 □ 4. 郵局劃撥 □ 5. 其他＿＿＿＿

您喜歡閱讀那些類別的書籍？

□ 1. 財經商業 □ 2. 自然科學 □ 3. 歷史 □ 4. 法律 □ 5. 文學
□ 6. 休閒旅遊 □ 7. 小說 □ 8. 人物傳記 □ 9. 生活、勵志 □ 10. 其他

對我們的建議：＿＿＿＿＿＿＿＿＿＿＿＿＿＿＿＿

＿＿＿＿＿＿＿＿＿＿＿＿＿＿＿＿

＿＿＿＿＿＿＿＿＿＿＿＿＿＿＿＿

【為提供訂購、行銷、客戶管理或其他合於營業登記項目或章程所定業務之目的，城邦出版人集團（即英屬蓋曼群島商家庭傳媒（股）公司城邦分公司、城邦文化事業（股）公司），於本集團之營運期間及地區內，將以電郵、傳真、電話、簡訊、郵寄或其他公告方式利用您提供之資料（資料類別：C001、C002、C003、C011 等）。利用對象除本集團外，亦可能包括相關服務的協力機構。如您有依個資法第三條或其他需服務之處，得致電本公司客服中心電話 02-25007718 請求協助。相關資料如為非必要項目，不提供亦不影響您的權益。】

1.C001 辨識個人者：如消費者之姓名、地址、電話、電子郵件等資訊。
2.C002 辨識財務者：如信用卡或轉帳帳戶資訊。
3.C003 政府資料中之辨識者：如身分證字號或護照號碼（外國人）。
4.C011 個人描述：如性別、國籍、出生年月日。

請於此處用膠水黏貼